棒球教学系列丛书

棒球投手制胜技术教程

[日] 堀井哲也 著　中国棒球协会 编译

人民体育出版社

版权声明

书名：《差がつく練習法　野球 勝てる投手になるドリル》
作者：堀井哲也

SAGATSUKU RENSHUHOH YAKYU KATERU TOHSHUNINARU DRILL by Tetsuya Horii
Copyright © Tetsuya Horii, 2015
All rights reserved.
Original Japanese edition published by BASEBALL MAGAZINE-SHA Co., Ltd, Tokyo.
This Simplified Chinese edition is published by arrangement with
BASEBALL MAGAZINE-SHA Co., Ltd, Tokyo.
Chinese (Simplified Character only) translation rights © 2023 People's Sports Publishing House.

北京市版权局著作权合同登记号 图字：01-2024-4569 号

图书在版编目（CIP）数据

棒球投手制胜技术教程 /（日）堀井哲也著；中国棒球协会编译. -- 北京：人民体育出版社，2024.
（棒球教学系列丛书）. -- ISBN 978-7-5009-6557-2

I. G848.1

中国国家版本馆 CIP 数据核字第 20242E45Z6 号

著　〔日〕堀井哲也
编　译　中国棒球协会
责任编辑　李凡

人民体育出版社发行
地址：北京市东城区体育馆路 8 号　邮编：100061
电话：67151482（发行部）　67118491（邮购部）　67151483（传真）
网址：www.psphpress.com
新华书店经销
天津中印联印务有限公司印刷
2024 年 12 月第 1 版
2024 年 12 月第 1 次印刷
开本：880×1230　1/32　印张：5.5
字数：203 千字　印数：1—3,000 册
标准书号：ISBN 978-7-5009-6557-2
定价：42.00 元

丛书编译委员会

主任：陈 旭

委员：许 勇　岛林学步　伞 硕

本书编译组

（按姓氏笔画排序）

连 冠　陆 昀　胡 凯　梁 培

INTRODUCTION（介绍）

前 言

投手应是最努力训练的人。
在进退间铸就成长锋芒！

棒球投手必须是球队中运动能力最强的人。

棒球投手应该是球队中打得最好的人。

棒球投手必须是球队中最了解棒球的人。

这就是为什么棒球投手必须是球队中训练最努力的人。

想要成为一名棒球投手的话，首先要有这方面的觉悟。

棒球投手的训练项目多且复杂，因此花费在训练的时间也是最多的。此外，棒球投手还要进行所有位置上内均手和外均手的防守训练，因为了解这些选手的动向和想法也是非常重要的事情。

另外，在指定击打规则（DH制度）中，投手即使不站在击球区，也应该在自由打击练习和战术打击练习中以击球手的身份与投手对决，像其他野手一样积极地参与跑垒，亲身体会击球手和跑垒员的动作，以理解他们在比赛中的各种想法。投手应该掌握一切在球场上可能发生的事情或者需要做的事情。

不存在只要做了，就谁都能掌握的训练。训练真正的精髓在于日积月累的努力。就像爬楼梯，只要

我们对目标保持孜孜不倦的追求，坚持不懈地刻苦训练，棒球水平自然会越来越好。

但是，遇到瓶颈期是难免的。明明昨天会做的动作今天突然做不对了；花了好几天好不容易学成的投球姿势，却被非常小的因素干扰，导致整个动作变形；无论多么刻苦地训练，也不会一直顺利地稳定进步。

在这种时候，人们会说"回归原点！"吧。但是很多球员会烦恼"什么是原点？""我应该回归到哪里？"

本书不仅涵盖了投手应该进行的一般训练，还介绍了其他球队不会进行的，JR东日本棒球队独创的训练方法。

对于这些训练，本书详细地说明了"为什么这个训练是必需的？""什么样的选手需要进行训练"等需要意识到的内容。还加入了训练的顺序和阶段等相关内容的讨论。

所有练习动作都有顺序，如果有一个动作做不出来，那就重新复习前一项的练习内容。如果复习也做不出来，那就复习前两项的练习内容。能迈上一个台阶说明也能退回原来的地方。本书就是这样的构造，讲解了如何在不断前进与后退的过程中，逐步提升棒球技术。

无论你的努力程度有多深，即便面对再艰苦的训练也从未有过丝毫懈怠，这一切都被教练和队友们看在眼里。他们无时无刻不在关注着你的每一个动作，每一分进步。

然后成为领队和教练信任的投手吧。领队和教练会想："比赛可以交给你。"成为其他队员信任的王牌吧，让他们心想："为了你，我们会拼命防守，拼命进攻。"

JR 东日本棒球队主教练
堀井哲也

CONTENTS
目录

4 —— 前言
10 —— 本书的使用方法

第1章 投接球的"基础知识"

12   训练001   手指的3个阶段练习
20   训练002   节奏投球
22   训练003   长距离投球
24   训练004   30米投球
28   训练005   快速投球
32   训练006   夹杀投球
34   投手的训练表①训练期

第2章 投接球的"变形"

36   训练007   正上方投球
38   训练008   正下方投球
40   训练009   双手投球
42   训练010   T字形投球
44   训练011   转动投球
46   投手的训练表②比赛期

第3章　投手的防守练习

- 48　训练012　对面防守练习
- 50　训练013　触击的处理
- 54　训练014　防守垒位
- 56　训练015　补漏
- 58　训练016　夹杀
- 60　训练017　牵制
- 64　专栏1　不要成为牛棚的王牌

第4章　守场员的防守·进攻练习

- 66　训练018　模拟游戏
- 68　训练019　传球
- 70　训练020　内场防守
- 72　训练021　外场防守
- 74　训练022　定位球打击练习
- 76　训练023　自由击球
- 78　训练024　跑垒
- 82　专栏2　训练后及时进食

第5章　投　　球

- 84　训练025　站立投球
- 86　训练026　外角球
- 88　训练027　近角球
- 90　训练028　变化球
- 92　　　　　　直线球（四缝线直线球）
- 93　　　　　　二缝线直线球
- 94　　　　　　滑球
- 95　　　　　　切球
- 96　　　　　　曲线球
- 97　　　　　　变速球
- 98　　　　　　曲速球

99		指叉球
100		快速指叉球
101	专栏 3	七彩变化球不是必需的
102	训练 029	接手远离的投手投球
104	训练 030	接手靠近的投手投球
106	训练 031	提前投球
108	训练 032	小碎步投球
110	训练 033	从高处投球
112	训练 034	快速投球
114	训练 035	触击的应对

第6章 实际比赛投球

116	训练 036	自由击球练习
118	训练 037	模拟比赛训练
119	训练 038	比赛形式
120	专栏 4	投手的"单人相扑"

第7章 辅助训练

122	训练 039	跑步
126	训练 040	强化训练
134	训练 041	力量训练
135	训练 042	拉伸
140	专栏 5	精神训练可以掌握一切 从和指导者的交流开始
141	专栏 6	三种想象训练
142	专栏 7	受伤的时候正是机会

第8章 热身和冷却

144	训练 043	热身
146	训练 044	冷却
148	专栏 8	关于冰敷

第9章 日常练习

- 150　训练045　弹球
- 152　训练046　台阶上的影子投球
- 154　训练047　报纸的影子投球
- 156　训练048　在房间里投球
- 158　专栏9　投手的分工制度

第10章 用其他运动进行训练

- 160　推荐运动①铅球
- 162　推荐运动②高尔夫
- 164　推荐运动③游泳
- 166　推荐运动④羽毛球
- 168　推荐运动⑤相扑

- 170　后　记

本书的使用方法

本书通过照片、图像、图标等方式，详细、通俗易懂地介绍了每一个训练项目。通过直接看照片或者"方法介绍"可以立刻开始训练，但是只有理解"为什么需要这项训练？""需要注意哪些事情？"才可以进行更加有效果的训练。尝试着将这些融入日常训练当中，提高棒球技术。

▶ 技能训练一目了然

对训练的难易度、花费的时间、从中可以获得的能力一目了然。找到适合自己的训练方法然后进行训练吧。

▶ 为什么这个训练是必要的？训练中的要点和注意点

为什么需要这种训练？如何将其活用在实战之中？展示了训练过程中的要点和注意点。

▶ 要点建议

使训练方法更有效果的要点的介绍。

▶ 进阶

掌握更高级别能力的训练要点和方法。

其他图标的含义

Extra 介绍了与训练相关的故事，以及在什么情况下进行训练最为有效。

Arrange 介绍训练方法的扩展训练。

第 1 章

投接球的"基础知识"

投接球是棒球的入门,是棒球一切的基础。无论是初学者还是积累了丰富竞技经验的高水平选手,请每次都带着各自的问题,每次都认真地训练吧。

投接球的"基础知识"

确保手指
实实地拨球

难易度	★★★☆☆
时间	15分钟

获得的效果
▶ 控制力
▶ 威慑
▶ 技巧
▶ 体能
▶ 防守能力

训练 001 手指的3个阶段练习

投手的投接球练习是为了与投球动作相衔接，因此需要分步骤进行，并在每个阶段检查关键点。第一个练习是手指发力的训练。这一练习也分为3个阶段进行检查。

共同要点！

» 热身后，从投接球的投球动作开始。

» 按照第一阶段⇒第二阶段⇒第三阶段的顺序进行训练。

» 每个阶段的投球数量没有限制。

» 在每个阶段都要确认自己的手指100%握住球，确认好之后才可以进行下一个阶段的练习。

» 身体动作不当时，手指就无法很好地控制球。

» 如果感觉到手指没有很好地握住球，请回到上一个阶段的练习。

要点建议

采取阶段性练习很重要！

这项练习的重点是限制身体动作的同时，进行阶段性练习。第一阶段是注意自己指尖的使用方法，不使用下半身的力量，确保手指的动作能够100%做到位后，再进入下一个阶段的练习。第二阶段是右手投手的三垒牵制动作，上下身联动进行训练。如果这时手指仍能很好地控制球，就可以加入身体的旋转运动。如果发现手指没有很好地控制球，可以回到前一个阶段进行确认。务必在每个阶段检查手指是否能够正确控制球。

第 1 阶段

🏀 **要点**

保持下半身稳定
投球时注意感受
整个手臂到指尖的活动

投接球的开始是要保持下半身不动，只使用腰部以上的力量进行投球。重点是，不使用全身的力量，集中注意力于指尖的使用。

投球之后的手型

第 2 阶段

🏀 **要点**

保持身体朝向前方
迈出一步

第 2 阶段的目的是手脚的协调配合，找到合适的出手点。

第 3 阶段

🏀 **要点**

从准备动作（侧身）开始
利用身体的扭转

在第 3 阶段，尝试通过扭转全身来投球，投球时注意手臂的旋转。

手指的3个阶段练习

第1阶段 面向对手的正前方，正面投球

▼ 练习方法

1. 与队友保持10米左右距离。
2. 站在队友的正前方，双脚分开与肩同宽。
3. 不利用（身体的）反作用力，不扭转上半身进行投球。
4. 时刻注意感受从后摆（投球中最基础的动作）到球出手点的感觉。

因为不使用下半身的力量，所以10米左右的距离就够了。

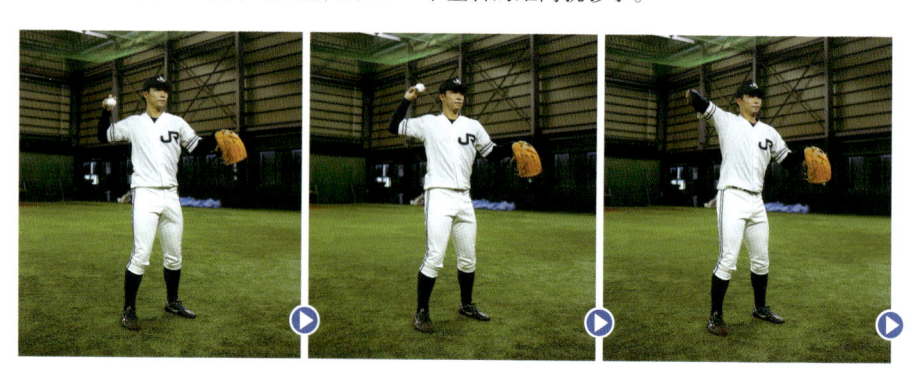

要点！ 要用手指扣住球，然后用能迅速弹出的感觉去投球

要点！ 球出手后，手臂也要保持在出手位置

要点

保持面向队友

投球时要面向队友的方向（自己的腰线要正对队友）。

14

要点　保持肘部高度

肘部保持伸直状态，在手臂伸展的位置像弹球一样将球出手。投球结束后也要避免下垂。

握着

❌ 这里要注意！
不要使用反作用力投球

不可以使用扭转身体所产生的回转的力量进行投球。进行这项练习只应使用腰部以上的力量。

手指的3个阶段练习

第2阶段 向前迈出一步并投掷

▼ 练习方法

1. 与队友的距离比第1阶段稍微远一些。
2. 重心保持在右脚上，左脚向前迈出一步。
3. 左脚接触地面后，重心转移至左脚，投出球。

投球时与队友的距离应比第1阶段稍微远一些。

要点建议

重要的是手和脚的协调

这项练习最重要的是，左脚的迈出与右手的出手相配合。投球时确认好左脚的步伐和右手的出球是否可以流畅地配合。由于这项练习的目的不是投出强力的球，因此不需要利用身体的力量去投球。

要点!
结实地迈出左脚

🏀 **要点**

后侧脚跟与头部保持在一条直线上

　　头部、腰部、右膝和右脚跟好像一个轴一样，保持在一条直线上。

17

手指的 3 个阶段练习

第3阶段 从侧身状态开始投球

▼ 练习方法

1. 与队友的距离拉远，保持真正比赛时投球的距离。
2. 像投球准备动作那样，左肩朝向目标，保持侧身。
3. 扭转身体并投球。

保持真正比赛时投球的距离，进行投球。

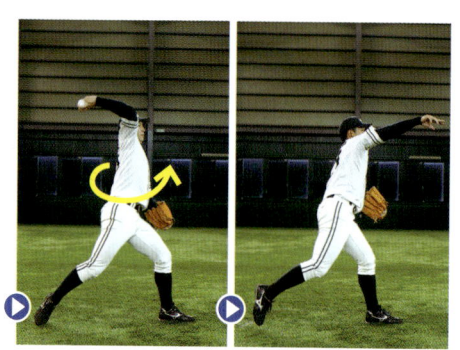

● 要点

用手指弹出球

即使大幅度挥手投球，也不要忘记用手指弹出球的感觉。

● 要点

旋转身体

大幅度挥动左手，增加身体旋转所产生的力量。

18

要点　球要有一瞬间被头部藏起来！

投球前挥臂时球要藏在投手的头部后面，这样站在正前方的击球手就很难看到球的位置。在平常投接球时就注意这个动作吧。

要点！
把球藏起来

❌ 这里要注意！

身体不应伸展过早

挥臂转身过程中，若右手下垂且上半身过早打开，在投球动作初期，就会被击球手看穿球的位置。

接球的"基础知识"

目标：学习如何在投球的时候控制重心的移动，在比赛中保持一定的节奏来投球

难易度 ★★☆☆☆
时间 20分钟（包括接球时间）

获得的效果：
▶ 控制力
▶ 速度
▶ 技巧
▶ 体能
▶ 防守能力

训练 002　节奏投球

▼ 练习方法

1. 接到球的同时左脚后撤一步。
2. 手臂举过头顶。
3. 重心放到轴心脚（右脚）上，左脚向前迈一步。
4. 重心移到左脚后投球。

要点！ 左脚后撤后接球

要点！ 轴心脚承受身体的全部体重

要点！ 将体重转移到左脚

20

❌ 这里要注意！

身体不应伸展过早

» 投球的一系列动作节奏："1（接球）、2（重心在轴心脚）、3（投球）、4（准备姿势）"，准确地按照顺序进行一系列投球动作。

» 以相同的节奏投出每一个球。

进阶！

在一定时间内逐渐增加投球次数

缩短双方球员投球的时间，争取在正常情况下 10 次投球所用时间内完成 20 次投球。

这个练习的目的是要有节奏地进行身体重心转移，因此为了能在比赛中有节奏地投球，增加在规定时间内投球的球数。

👆 要点建议

在接球的同时转移重心

为了有节奏感地投球，在接球的同时将重心放在前脚（右脚）上。接球的同时开始第一步，第二步将重心转移到轴心脚，第三步将球出手，投球结束后第四步回到准备动作。始终保持四步的节奏进行投球。

投接球的"基础知识"

目标 用右手臂画出一个巨大的圆形投球的同时，增强肩部发力

难易度 ★★★☆☆
时　间 5分钟

获得的效果
▶ 控制力
▶ 速度
▶ 技巧
▶ 体能
▶ 防守能力

训练 003　长距离投球

▼ 练习方法

1. 保持60米以上的距离。
2. 视线比平时投球时要高。
3. 右手臂要像画一个巨大的圆形一样用力抡起并投出球。

🔶 要点　投得比视线更高

投手长距离投球时，要想象出比视线更高的轨道，投出强有力的球。

22

要点建议

使用全身力量来投球

想要投出有足够强力并旋转的球，不仅要充分利用上半身，还要从髋关节开始大幅度地使用下半身。当距离超过60米时，如果方向错误，将无法投出旋转良好的球。因此，远投练习有助于了解发力的方向。不过，要注意过于重视控制会导致动作变得拘谨。

要点！ 身体不要向前冲

要点！ 加上体重的力量

进阶！

比赛开始前用长距离投球威吓对手吧！

长距离投球的定义是双方距离60米以上的投球。到比赛时，再拉长距离，让对手见识到足够强力并旋转的球吧。如果能投出一个漂亮的长距离球，那么对手应该会感受到威胁。

投接球的"基础知识"	难易度 ★★★☆☆
目标：模拟比赛时的投球进行投接球练习，准备进入接替投手练习区（牛棚）	时间 5分钟
	获得的效果：▶ 控制力 ▶ 速度 ▶ 技巧

训练 004　30米投球

▼ 练习方法

1. 双方相隔30米。
2. 手臂不高举过头部，投出强有力的直球。
3. 投过几次球之后，再加入手臂高举过头部的准备动作，投出强有力的直球。

18.44米

30米

①

② 投球前手臂先不用高举过头

③

④

进阶！

变化球不是在接替投手练习区（牛棚），而是通过 30 米距离投球来学习的

与长距离投球不同，投手在投出"向下（发力）"的强力球之后，可以让接球人像接手一样坐下接球，来练习投变化球。在确认变化球的出球点的同时，感受球的曲线路径吧。30 米比接替投手练习区（牛棚）的距离要远，所以更容易看懂球的路径。

另外，如果想学习新的变化球，就以玩游戏的心态去投投看。重要的是不要擅自决定自己投不了，要不断尝试，如果有了自己顺手的投球方式，那么就记住这个动作。

在这种情况下，接替投手练习区（牛棚）中的投球次数和练习时间是有限的，因此应有效利用 30 米的距离进行投球练习。

⑤

⑥

与远距离投球不同，要降低视线

⑦

⑧

⑨

要用力去投才能投出平行于地面的球

⑩

把握比赛场上的各种距离并用到练习中！

棒球选手必须了解球场上各位置间的距离，并用身体去记住，例如，投手板到本垒板之间的距离、垒包之间的距离等。投接球或者跑动训练中也可以使用这些距离。

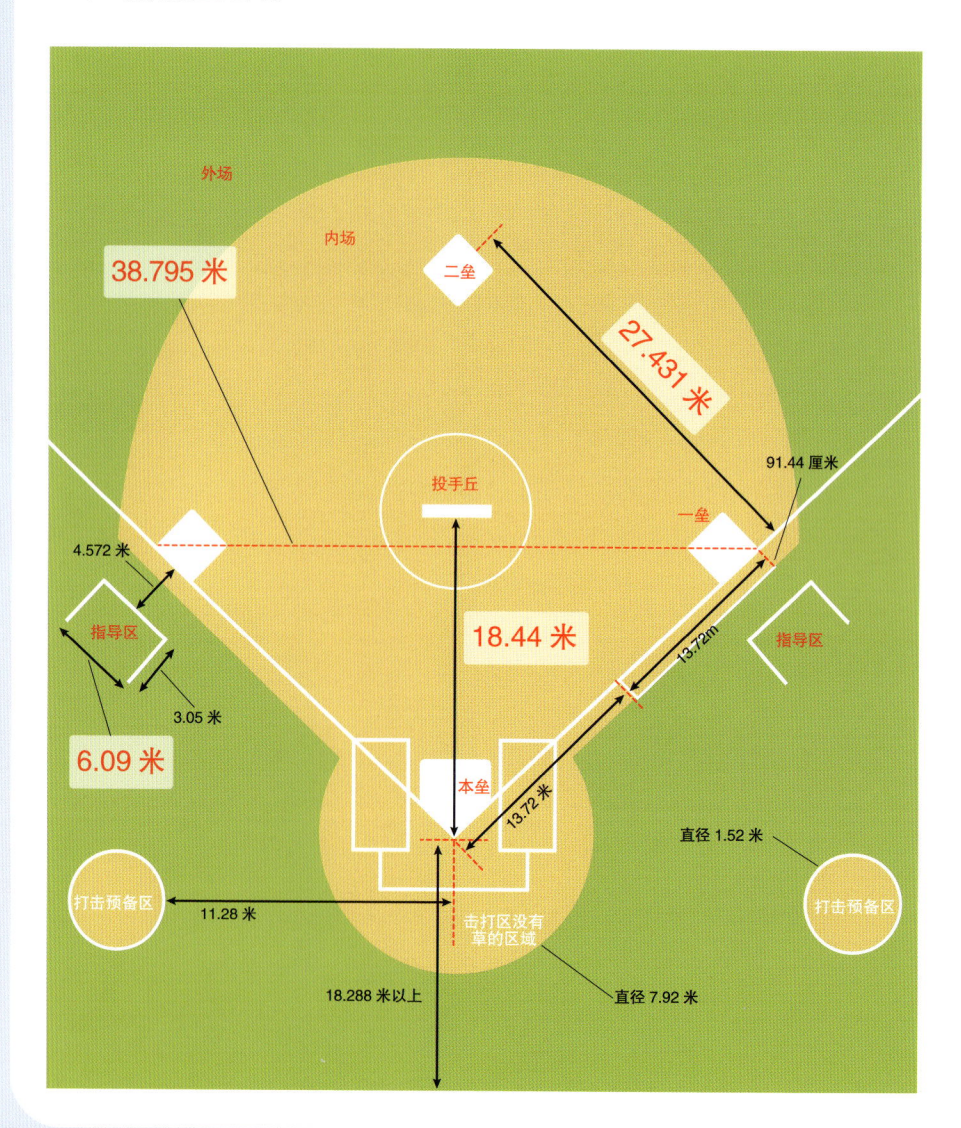

外场
内场
二垒
38.795 米
27.431 米
投手丘
91.44 厘米
一垒
4.572 米
指导区
18.44 米
13.72m
指导区
3.05 米
6.09 米
本垒
13.72 米
直径 1.52 米
打击预备区
11.28 米
打击预备区
击打区没有草的区域
18.288 米以上
直径 7.92 米

练习中实用的距离指南

投接球

- 投球——投手板到本垒板的距离 18.44 米。
- 投接球——垒包之间距离 27.431 米。
- 中长距离投接球——一垒到三垒的距离 38.795 米。
- 长距离投接球——本垒板到内场、外场的分界线 50 米。
- 长距离投球——本垒板到左、右外场的位置约 80 米。
- 超长距离投球——本垒板到中心（界内最远距离）约 100 米。

在练习之前，以垒包之间的距离为参考，请确认好投接球大概的距离。

跑步

- 短距离跑——垒包之间的距离 27.431 米。
- 长距离跑——左标杆到右标杆的距离约 180 米（往返约 360 米 × 组数）。
- 往返跑（折返跑）——跑垒指导区的长 6.09 米。

试着跑着感受各种距离吧。

投接球的"基础知识"

目标 防守为主的投接球训练
学习快速投球和移动步法

难易度	★★★☆☆
时间	5分钟

获得的效果
▶ 控制力
▶ 技巧
▶ 防守能力

训练 005　快速投球

▼ 练习方法

1. 双方保持20米距离。
2. 尽可能在接到球的一瞬间立刻投回去。
3. 提高动作的速度，用比节奏投球更快的速度进行练习。

要点！
在接球之前，想象下一步投球的动作，并做好准备

要点！
动作流畅，不要停顿！

要点　想象中继投球的距离

快速投球的距离为20米，这是在模拟中继投球的距离。要在接住球的一瞬间快速投回去。

28

要点！
灵活地使用右手肘，要投得又快又准

要点

灵活使用手臂的前半部分

快速投球不仅要使用手腕，重要的是灵活使用手臂的前半部分。

要点建议

防守也很重要

除了投球，所有的动作都称为送球。即使是投手，也有可能会向一垒、二垒、三垒和本垒这4个方向送球。平常训练中也要有意识地对防守性送球进行练习。

拓展练习

增加移动步法和投掷方向的变化

两个人进行投接球练习时，只能够将从正面投来的球，再朝正面投回去。增加到3人，甚至4人，组成一组，来练习更复杂的移动步法，更多方向的送球。

3人一组

> 接到球后转身投给另一个人

▼ 练习方法

1. 3人站成一条线。
2. 站在一端的第1名选手投给站在中间的第2名选手。第2名选手接到球后转身投给另一端的第3名选手。
3. 第3名选手接到球后，再投给站在中间的第2名选手。
4. 重复 2 的动作。
5. 交换站位。

● 要点 注意前后的来回切换

站在中间的选手在接到球之后。要立刻转身将球投给身后的选手。这个动作等同于在一垒接到地滚球后向二垒送球，因此一定会被应用在比赛中。

4人一组

▼ 练习方法

1. 4人各自站在正方形的顶点位置。
2. 顺序传球。
3. 顺时针的练习结束后再进行逆时针的练习。

站成一个正方形按一个方向投球。注意变换传球方向练习！

进阶!

通过测量时间和次数进行竞争

可以组2个4人组，测量各组10秒之内能投几圈，也可以测量各组10圈用了几秒。以游戏的方式让选手们竞争。

进阶!

顺时针和逆时针进行两个方向的投球练习

4人传接球时，做完顺时针投球后一定要再做逆时针投球。如果是投手从左边来的球就是一垒，从右面来的球就是三垒。比赛中球可能会从任何方向过来，所以主动控制身体的切换和移动的步法吧。

❓ 为什么这样做?

因为投手也是第9名守场员

投出球之后投手必须作为守场员进行防守。通过这样的投接球练习掌握移动步法和外场的动向吧。

❌ 这里要注意!

» 与自己单方面投球不同，要配合对方的动作。
» 所有人都要保持相同的节奏。
» 消除不必要的动作，学习如何灵活地切换步法。

接球的"基础知识"

目标 为了不在实际比赛时慌张，来练习跑步时利用惯性奋力地投出球吧

难易度 ★★★☆☆
时间 5分钟
获得的效果 ▶技巧 ▶防守能力

训练 006 夹杀投球

▼ 练习方法

1. 接住球后，立刻跑向对方。
2. 利用跑步惯性，奋力地投出球。

要点！ 沉住脚步并投球

要点！ 一定要接近对方

要点！ 想象着把球"送给对方"的感觉来投球

🏀 **要点** 想象实际比赛中的夹杀

虽然是在跑动中进行传接球的练习，但要考虑到实际比赛的夹杀情况。为此，不要靠近接球者才进行投掷，而不从远处投球，投球时也不要跳跃。投球时要保持稳定的步伐，同时要带着有跑垒员在场的想象进行练习。

要点建议

平常用不到的"推着投"

夹杀是一边追着对方一边投球,因此不需要投掷强力的球。这里以右手肘为支点,用"推着投"将球推给对方。

要点！手肘作为支点

拓展练习

将投手分为两组进行训练

如果是两人一组,一名球员必须靠近对方后返回,所以在进行下一个投球之前会花费一些时间。

可以将几名球员聚集在一起,分成两组,分别安排在左右两侧。

靠近对方并进行夹杀投球的选手在完成后到对面的后方,接球的前面选手则靠近对面远离自己的一侧进行夹杀投球。这样反复进行,可以提高练习的效率。

投手的训练表①训练期

投手在比赛季和训练期的训练表自然是不一样的。这里介绍一下 JR 东日本棒球队在训练期间进行的训练项目。

■ 目的
① 强化体力
② 掌握新技术（动作姿势、投球种类）
③ 解决问题

■ 科目
① 投球
② 投球以外的防守训练
③ 团队合作
④ 跑步
⑤ 强化体力（力量训练、自身体重训练）
⑥ 调节（内在、拉伸、冷却）

■ 训练项目

① 热身（30 分钟）
包括强化体力的训练项目。

② 投接球（20 分钟）
以长距离投球为主，增加投球力量。

③ 防守练习（30 分钟）
反复练习比赛里所有必要项目，例如接球、送球、短打处理、牵制、防守垒位、补漏等。

④ 团队合作（20 分钟）
需要与守场员协调训练，例如与内场手的协调训练、夹杀、对二垒牵制以及防止双盗垒。

⑤ 投球训练（20～30 分钟）
以直球为中心，紧握住球，分为几种方式进行投球。例如，阶段性的变化球、假想有跑垒员的快速投球、假想左右都有击球员的计数投球。投球数多的情况大概是 200 球一天（投一场完整的比赛的话，大概是 9 局 ×15 球 =135 球，再加上每局之间的投球练习，合计约为 200 球）。

⑥ 跑步（30～60 分钟）
训练期间，要跑 2～4 千米（200 米 × 10 次 + 2000 米跑，或者是 400 米 × 5 次 + 100 米 × 10 次 + 1000 米跑。设定暂停或者休息时间可以提高训练质量）。

⑦ 训练（60～90 分钟）
以核心和下半身为主，不断改变强化的部位，每周进行 3～4 次训练。

⑧ 深层肌肉训练（20 分钟）
为了维护肩关节的状态，每天认真地进行训练。

⑨ 伸展运动（10～20 分钟）
目的是一边拉伸一边提高身体灵活性。

⑩ 冷却（10～15 分钟）
缓解有氧运动时积累的疲劳物质。

第 2 章
投接球的"变形"

本章将针对尚未掌握正确投球姿势的投手们，为其矫正缺点，介绍与常规投接球不同的特殊训练方法，根据个人情况和目的进行训练。

投接球的"变形"

| 目标 | 改善上半身用力前倾的投球姿势 |

难易度 ★★★★
时间 5分钟

获得的效果
▶ 控制力
▶ 速度
▶ 技巧

训练 007　正上方投球

▼ 练习方法

1. 右脚后撤一步，重心稳稳地移到右脚。
2. 看向正上方，挥起手臂投出球。

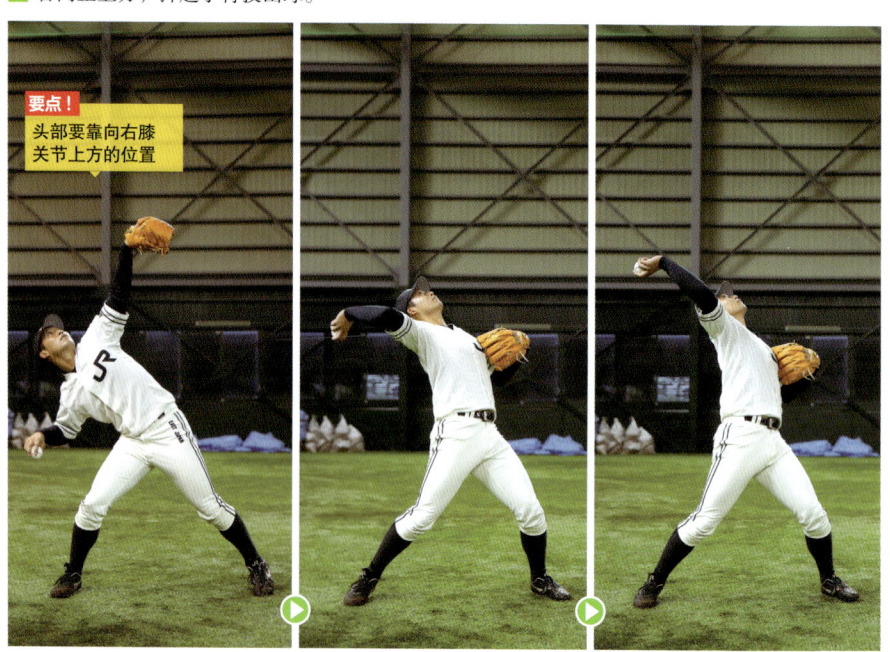

要点！
头部要靠向右膝关节上方的位置

要点建议

朝正上方投球

　　接高空球等的练习中，有时要向上方用力地投出高球，重点是要向自己的上方投出球，而非向练习中对手的上方投出球。

　　要将重心稳稳地落在轴心脚，使下半身的力量充分传到手臂上。

❓ 为什么这样做？

改善上半身用力前倾的姿势

投球时将重心稳稳地落在轴心脚，下半身的力量充分传到手臂上，再投出球。这个姿势可以改善在球离手的时候，上半身前倾的投球姿势。

❌ 这里要注意！

» 头部要停留在右膝关节上方的位置。
» 手臂后摆后，将体重转移到轴心脚（右脚）上。

姿势不正确，被左膝关节牵制，导致身体打开。

因为体重没有全部转移到轴心脚上，所以身体被左膝关节限制，伸展了身体。这样就导致双脚无法用力支撑身体，下半身的力量传达不到上半身，因此无法向正上方投出高球。

进阶！

投球时设定目标

为了能够提高投球水平，练习时最好带着某个目标进行。例如设定投出一个离头部 30 米距离的高球，一边思考如何转移身体重心才能投出高球一边练习投球。要注意，胡乱地追求高度的投球方式会使肩膀受伤。

投接球的"变形"

目标 确保实实地拨球

难易度 ★★
时间 5分钟

获得的效果
▶ 控制力
▶ 速度
▶ 技巧

训练 **008** 正下方投球

▼ 练习方法

1. 将重心转移到左脚上。
2. 将球摔向离身体稍远的前方。

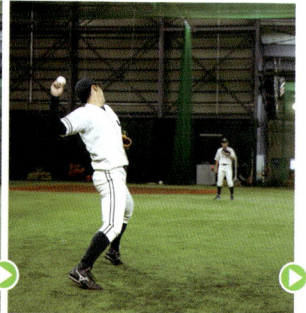

👉 要点建议

时刻注意手指的握法

这项练习试图解决以下类型的投手问题。例如，重心无法移动到前方、手臂在下摆之前球就脱手、球直接脱手。

时刻注意自己手指的握法，积极地进行这项训练吧。

38

❓ 为什么这样做？

抓住手指压着球的感觉

为了防止球在投出前就离手，培养手臂挥到头顶时也能紧握住球的感觉。

❌ 这里要注意！

» 不要害怕把球砸出去。
» 重心要完全转移到左脚上。
» 重点关注手指的握法。

要点！ 右臂要甩开，画一个大大的圆形

要点！ 指尖要朝向正下方
球离手的瞬间，手肘、手腕、指尖，这三个部位要呈一条直线

进阶！

球要砸向正下方

练习的开始可以先瞄准自己的前方（离身体2～3米的距离）。习惯之后再不断地练习砸向自己身体的正下方。

只要手指紧紧地握住球，重心转移到前脚，就能够把球砸向正下方。

投接球的"变形"

目标 **防止身体张开**

训练 **009** 双手投球

难易度	★★★★
时间	5分钟

获得的效果
▶ 控制力
▶ 技巧

▼ 练习方法

投球的手和戴手套的手要同时进行动作，投球时，球离手前双手不要分开。

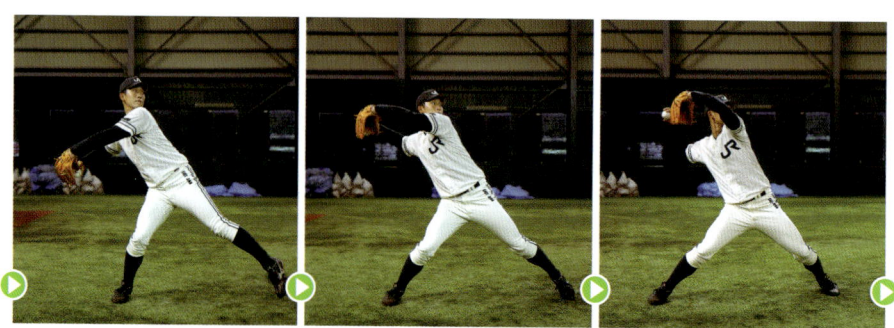

要点！
保持 Just inside（保持恰到好处的内侧位置）的姿势

▲在这个瞬间之前，一直保持着左手放在右手上。

为什么这样做？

记住戴手套的手的用法

纠正胸部过早张开的投球姿势，记住戴手套的左手的用法。

这里要注意！

- 尽量不要双手放开。
- 身体不要打开，一口气扭转身体再扔出球。

左手不要立刻松开。

在早期阶段就把左手和右手松开，没有用双手投球，导致身体过早打开，即使扭转身体，也不会产生加速。从击球员的角度来看，很容易看到球的路线。

要点建议

只在球离开手的瞬间进行发力

可以在球离开手的瞬间，扭转身体并用力投出一个快速又利落的球，而不是想着投一个强力的球，一下子全身用力。

什么是 Just inside？

将手套置于身体内侧，保持胸部紧缩的状态。

41

投接球的"变形"

目标: 意识到使用背部肌肉的力量投球

训练 010　T字形投球

难易度 ★★★★
时间 5分钟

获得的效果:
▶ 控制力
▶ 速度
▶ 技巧
▶ 防守能力

▼ 练习方法

投球结束的瞬间，右肩、腰部、右膝关节、右脚的脚尖要保持一条直线（T字形）。

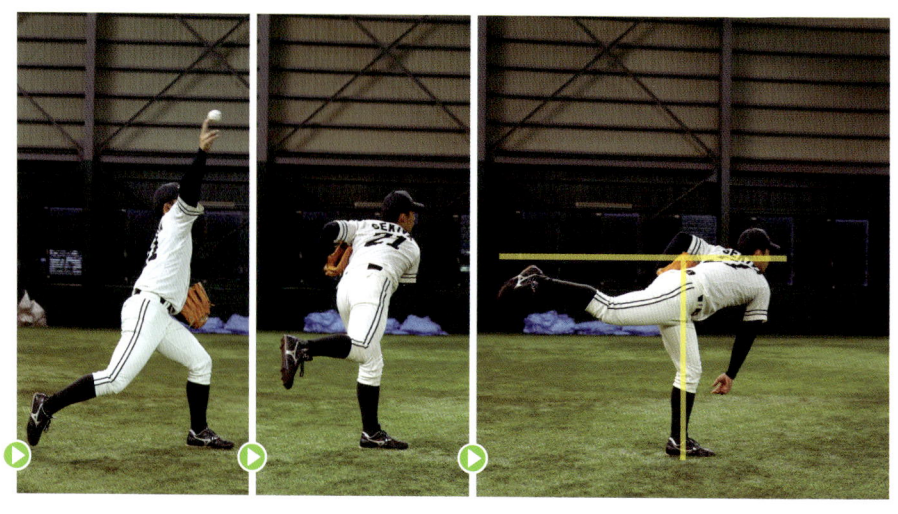

❓ 为什么这样做？

不要变成单纯地用手臂力量投球

若投手想让身体不向前倾斜，应充分利用背部肌肉进行投球。如果试图在身体不倾斜的情况下向前出球，就容易导致只用手臂发力。因此，要注意投球后身体的平衡。

❌ 这里要注意！

» 有意识地使用背部肌肉。
» 记住形成 T 字形那一刻的感觉。

不要在直立的状态下投球。

上半身没有前倾的话，力量也不会传到球上。

👆 要点建议

学习防止肩部受伤的投球方法

一侧的手臂重量大约是 6 千克，如果只用肩部来牵制动作的话，很容易引起炎症，所以，要用背部肌肉的力量来减轻肩部负担，从而防止肩部受伤。

投接球的"变形"

目标：不要使用多余的力量来投球

难易度 ★★★
时间 3分钟

获得的效果：
▶ 控制力
▶ 技巧

训练 011 转动投球

▼ 练习方法

1. 向前伸出右手臂。
2. 撤回右手臂，充分转动手臂。
3. 球撤到头部后方时，创造一个空隙。
4. 投球时要注意让球旋转。

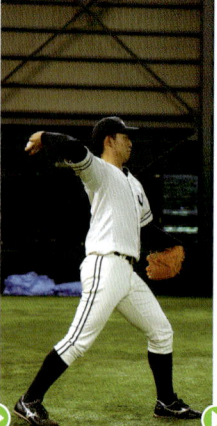

要点！
球离手的瞬间，要压住球

❓ 为什么这样做？

学习让击球者难以看到球的投球方法

在不停止球的旋转的情况下，加速投球动作，同时学习一种让击球者难以看到球的投球方式。

❌ 这里要注意！

» 时刻注意使球旋转。
» 确认球完全藏在头部后面。

👉 要点建议

右手臂的动作不要变成一条直线

手臂后摆到出球时，不要使用多余的力量，要让球充分旋转并注意不要让右手臂的动作形成一条直线。充分转动右手臂的话，即使只使用八成的力量投球，球也能充分转动并且转出八成以上的效果。

投手的训练表②比赛期

赛季训练中最重要的是创造一个能够在比赛中发挥出最佳力量的状态。
这里介绍一下比赛期间投手的训练项目。

■ 目的

①调整状态
（为了能以良好的状态上场）
②纠正比赛中发现的问题
③维持体力（以强化为目的）

■ 科目

①投球
②投球以外的防守训练
③跑步
④调整状态
⑤维持体力
⑥团队合作（确认）

■ 训练菜单

①**热身（20分钟）**

如果能创造出100%的打棒球的状态的话，就可以结束了（全力冲刺跑）。

②**投接球（10～15分钟）**

不进行远距离投球，而是有节奏地投低位置的球，投球间隔为40～60米。

③**防守练习（10～15分钟）**

考虑肩部和手肘的状态，进行送球练习和接球练习等。

④**投球（20分钟）**

投30～100球，这与比赛时的投球数量差不多。创造和比赛时相近的条件，在接替投手练习区（牛棚）投球，模拟比赛情况是很重要的（假想击球员、跑垒员、比赛判定、分球的种类和不同情况进行练习）。

⑤**跑步（20～40分钟）**

跑步距离1～2千米。可进行绕杆跑、100米跑等。为了在比赛前调整身体状态，进行在垒包之间的距离的短距离冲刺跑。在比赛日和比赛日的第二天要进行20～30分钟的有氧跑步，来缓解疲劳。

⑥**深层肌肉训练（20分钟）**

比赛期间也要每天认真进行。

⑦**拉伸（10～15分钟）**

以增加柔韧性和消除疲劳为目的进行训练。

⑧**冷却（10～15分钟）**

与训练期相同，尽力缓解有氧运动时因出汗而积累的疲劳物质。

＊以下练习需要观察训练时机，再加入训练项目

・**训练（30～45分钟）**

每天必须进行核心力量训练。配合各个部位的状态调节，一周进行2～3次的强化训练。

・**团队合作**

为避免在比赛期间出现队员间的协调问题，在比赛期间也需要与外场手一起练习。

第 3 章
投手的防守练习

投手有着"第 5 个内场手""第 9 个守场员"的称号，不仅要投出好球，还要认真地进行防守，不然就会输掉比赛。只有充分地练习防守，才能提高防守能力。

投手的防守练习

| 目标 | 掌握投手的地滚球的处理方法 |

难易度 ★★★
时间 10分钟
获得的效果 ▶ 防守能力

训练 **012** 对面防守练习

▼ 练习方法

1. 架好影子投球（球不离手的投球练习）后的姿势。
2. 防守的击球员在投掷动作结束后打出地滚球，投手进行地滚球的处理训练。

【从投手后方看】

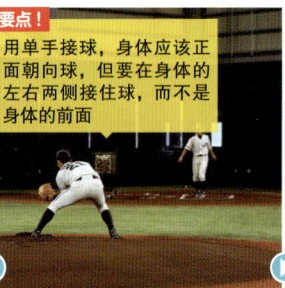

要点！
投球后，要养成保持稳定姿势的动作习惯

要点！
用单手接球，身体应该正面朝向球，但要在身体的左右两侧接住球，而不是身体的前面

要点！
接住球后，再动作标准地投出球

🏀 **要点**

时刻牢记投手丘地坡度

投球之后要在投手丘的坡上准备好下个动作的姿势。好好地用身体记住坡上球的滚落方式或者弹跳方向，这与平地上的球有着微妙的差别。

❓ 为什么这样做？

处理快速击球

投手是离击球手最近的球员，投手要练习用手套接住快速球。

❌ 这里要注意！

- 对于慢速球，为了准备下一个投球动作，要两手接住球。
- 一边避免快速击球，一边用一只手（单手或者另一只手）接球。
- 用手套扣住接不到的球。
- 不要伸出自己的惯用手。

【从投手正面看】

进阶！

戴好防护装备再来练习吧

投手在面对防守训练的击球手时，最好带上接球手的面罩、护具和护腿，以免受伤。特别是击球手对自己的击球的控制没有信心时，投手一定要穿戴好。最好惯用手可以带上剑道用的甲手（一种手部护具），没有的话至少也要带上劳保手套。此外，用网球进行训练的话，不仅可以降低受伤的风险，还可以打出棒球打不出的速度，因此非常适合锻炼反射神经。

投手的防守练习

难易度 ★★★
时间 10分钟
获得的效果 ▶ 防守能力

目标 彻底掌握正确处理触击的方法

训练 013　触击的处理

★模式1　在三垒线上处理触击——将球扔向一垒

▼练习方法

1. 影子投球（球不离手的投球练习）后，扔球的人看好时机扔出地滚球，投手处理扔出来的球。
2. 身体正面朝向来球方向，弯腰接住球。
3. 把球扔到一垒。

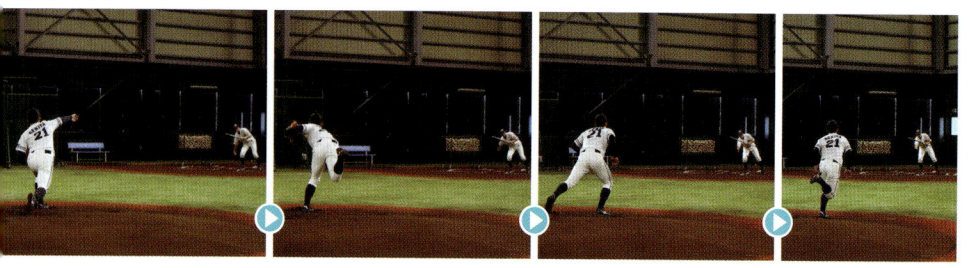

▲不要等待投球结束，保持对球滚动方向的意识。有触击的倾向时，防守开始动作很重要

要点！
不要慌张，弯下腰。黄金法则就是双手接住慢速球

要点！
面向一垒，迈出左脚后投球

要点建议

对触击处理来说最重要的是不要慌张

触击分为进垒触击、安全触击、抢分触击。投手要做好随时处理触击的准备，预测自己投出的球会滚向的位置，也不要忘记投球前确认出局数和跑垒者。

★模式2 处理正面的触击——将球扔向二垒

▼ 练习方法

1. 投手在影子投球（球不离手的投球练习）后，扔球的人向投手的正面扔出缓慢的地滚球。
2. 投手从投手丘上正面冲向来球方向，弯下腰接球。
3. 快速转身，面向二垒，左脚向二垒方向迈出一步并投球。

配合二垒手或者游击手进入二垒的时机进行投球。

👉 要点建议

听从接手的指挥！

在接到触击的球后，要么传球到二垒将一垒的跑垒者出局，要么放弃防守一垒跑垒者的进垒，传球到一垒确保击球跑垒者出局。投手了解当球滚到哪里、以什么方式滚动时可以在二垒将跑垒者出局的感觉是很重要的，但最终要牢牢记住听从接手的指示并按照指示行动。

★ 模式3　处理三垒线上的触击——将球扔向三垒

▼ 练习方法

1. 投手在影子投球（球不离手的投球练习）后，扔球的人在三垒线上扔出地滚球。
2. 投手反应后冲向三垒线。身体正面朝向来球方向，弯下腰接球。
3. 快速转身，面向三垒，左脚向三垒方向迈出一步并投球。

要点！
快速转向三垒

要点！
向三垒方向充分迈出一步，注意不要只用手臂投球

要点建议

要注意对界外球的判断

滚在一垒线上和三垒线上的球有可能会犯规。不要急于接住球，要清楚地判断是界内球还是界外球。也要听从能够看到球的路径的一垒手或者三垒手的指挥。

★模式4 处理正面的抢分触击——用手套传球到本垒

▼练习方法

1. 投手在影子投球(球不离手的投球练习)后，扔球的人向投手的正前方扔出地滚球。
2. 投手配合击球的绕法，正面冲向本垒。
3. 不要弯腰，手套先接住球，利用冲刺的惯性，挥动手腕传出球。

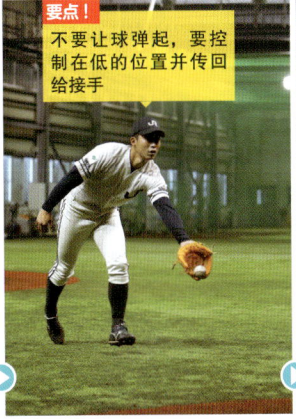

要点！ 不要用力抓住球，用手套前端夹住球即可

要点！ 不要让球弹起，要控制在低的位置并传回给接手

拓展练习
假设各种情况练习触击的处理

本书解说了四种情况，但是触击还有从没有跑垒员的上垒触击到有一垒跑垒员、一和二垒跑垒员、一和三垒跑垒员、二和三垒跑垒员、满垒等的情况。还有其他各种各样的情况，如制造出局垒的位置，出局计数，甚至是球可能滚动的方向等。

因此，必须时刻想象着不同种类的场景进行练习。

投手的防守练习

目标：练习培养防守补垒的意识和补位接球

训练 **014** 防守垒位

难易度 ★★★
时间 5分钟

获得的效果
▶ 防守能力

★ 接住一垒手的投球并踏上一垒

▼ 练习方法

1. 防守练习的击球员向一垒击出球。投手确认球飞出的方向。
2. 身体朝向球投过来的方向（即接住球后接球手传球的方向），同时伸出手套，冲向一垒垒包。
3. 确保接住球并踏上一垒。

确保接住球

接球后确认垒包

要点

跑到一垒时，踩在垒包的边缘上

　　当接住外场手的投球并踏上一垒时，避免与跑垒员接触，并踩在一垒垒包的角落。

　　当在一垒附近接住外场手投出的球时，要将脚放在一垒朝向二垒一侧。

★ 在一垒接住外场手的投球

▼ 练习方法

1. 防守练习的击球员向一垒和二垒之间击出球。投手从投手丘确认球飞出的方向。
2. 冲向第一个垒包并站在垒包上。
3. 朝球飞来的方向（朝投球的守场员的方向）伸出手套。
4. 接球时尽量伸展身体。

要点建议

视线不要离开其他跑垒员

如果没有人出局，或者只有一人出局，而且有其他跑垒者时，即使击球者出局也不要掉以轻心，立刻观察其他跑垒员，并保持随时可以投球的姿势。

拓展练习

练习触杀出局

防守垒位不仅限于强迫进垒，防守本垒也是投手的重要工作，触杀的情况就会变多，所以加上跑垒员全方位地进行训练吧。

投手的防守练习

目标 学习如何进行补漏动作

难易度 ★★★
时间 10分钟
获得的效果
▶ 防守能力

训练 **015** 补漏

❓ 为什么这样做？

为了挽救队友的失误

即使队友的传球和接球出现失误也可以防止对手进垒。

❌ 这里要注意！

» 看到击球手击球成功后，需要马上进入补漏的状态。
» 如果球飞向自己的左方，要养成开始行动的反射性习惯。
» 对于击球是否飞出内场的判断不要犹豫不决。
» 把握好补漏时机。
» 把握好补漏的距离（和在垒位附近接球队友的距离），不要过近或过远。

🔴 要点　优先防守垒位

一个准则：首先要想到并执行优先进入防守垒位，之后补漏的行动可以迟一点。

👉 要点建议

补漏应该站在哪里？

补漏的队员要站在负责接球并传球的守场员和在垒上为准备接球的守场员的延长线上进行防守。

扩展训练
场上所有人都要对打出去的球有动作上的反应。

没有跑垒员但是球被打出外场球时
击球手会瞄准进攻三垒,所以投手要在三垒区域准备补漏。

一垒有人被打出安打时
跑垒员会瞄准三垒,所以投手要在三垒区域准备补漏。
如果是右外场的安打,左外场手也会前来补漏,所以不要站位重叠。

二垒有人被打出安打时
投手直奔本垒补漏。
传球漏接的话,补漏的投手必须防止击球员进垒。

一垒有人被打出长打时(参照下图)
投手确认击球状况后,先跑出三垒和本垒之间的界外。
这个位置可以判断出外场手是会朝向三垒还是本垒传球,从而对相应位置进行补漏。
外场手对三垒的回传球时如果漏接,需要快速对应并对本垒进行补漏。

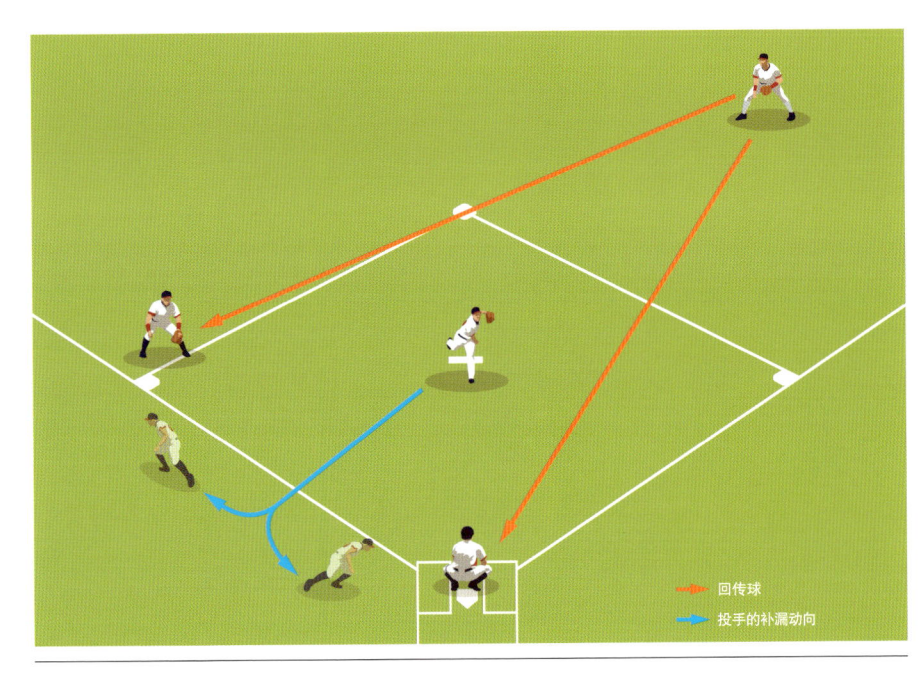

→ 回传球
→ 投手的补漏动向

投手的防守练习

目标 通过夹杀确保出局对手

难易度 ★★★★
时间 15分钟

获得的效果
▶ 技巧
▶ 防守能力

训练 **016** 夹杀

★ 二垒跑垒员因地滚球而开始跑垒时

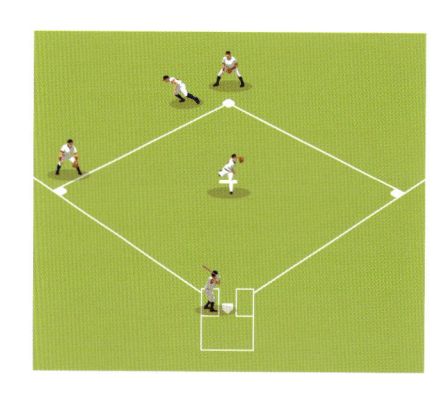

▼ 练习方法

1. 安排二垒的跑垒员，并设置二垒手和三垒手。
2. 投手在影子投球（球不离手的投球练习）后，做球的人向投手击出（或者投掷）一个地滚球。
3. 投手需要牢牢接住球，向已经离开垒包的跑垒者迈出两到三步，缩小距离。
4. 投手向跑垒员的移动方向传球，参与夹杀，使跑垒员出局。

要点！
接住球后，开始不停地跑向跑垒者

58

为什么这样做？

» 提高与外场手的合作
» 掌握防守时的转身技巧

这里要注意！

» 处理击出的球后要立即看向跑垒员。
» 一旦停下动作，就会给跑垒者可乘之机，所以需要立刻全力地快跑，靠近跑垒员。
» 在夹杀中，要一边跑，一边利用惯性握住球进行夹杀投球。

要点建议

投手更换不同方向参与夹杀

在夹杀中，外场手必须面朝正前方。然而投手跑动时，要习惯几乎都呈直角来改变方向才是最重要的。努力地进行训练吧。

拓展练习

从牵制到夹杀

在这里，介绍了接住投手的地滚球后的夹杀打法，但是一垒、二垒或三垒的跑垒员可能因投手的牵制，而形成夹杀的情况。在牵制训练的最后加入夹杀的训练会好一点。

投手的防守练习

目标：确保手指紧紧地握着球

训练 **017** 牵制

难易度 ★★★★
时间 10分钟

获得的效果
▶ 技巧
▶ 防守能力

★ 对一垒的牵制

▼ 练习方法

1. 架好姿势后不动。
2. 面向一垒快速向后转。
3. 向一垒方向迈出左脚。
4. 为了方便一垒手接触对手，要投低位球。

要点！肩膀不要动

要点！右脚踩在投手板上

进阶！

脚从投手板上移开做出投球的假动作

要向一垒进行虚投（假装投球的样子）的情况下，右脚必须从投手板上向二垒方向移开。一旦脚离开投手板，无论是否做牵制动作都可以。但如果右脚离开投手板之前，双手分开的话会造成投手犯规，要注意。

朝向二垒的话就和一垒不同，可以直接做出投球的假动作。

★ 对二垒的牵制

▼ 练习方法

1. 架好姿势后不动。
2. 以右脚为轴心脚向左转,面朝二垒。
3. 向二垒方向迈出左脚。
4. 向二垒包投球。

要点!
通过打暗号,确认防守垒包的选手和时机

要点!
不要向进入防守垒位的选手投球,而是要向在垒包上的选手投球

拓展练习

向右转对二垒进行牵制

在对二垒牵制时,就像是面对击球员投球一样,有抬起左脚向右旋转的投球方法,也有暂时将脚离开投手板的投球方法。

★对三垒的牵制

▼练习方法

1. 左脚向正上方抬起。
2. 左脚朝三垒的正前方迈出一步。
3. 冷静并正确地投球。

要点！ 观察直线球取得领先的跑垒员，计划好牵制的时机

要点！ 抬起的左脚不要一会儿向内，一会儿向外地摆动

要点建议

左脚向正上方抬起，朝正前方迈出一步

左脚在空中如果摇晃，或者迈出的步子方向倾斜的话，就会导致投手犯规，就会使三垒的跑垒员存活下来，要注意。

> **附加**

牵制不仅仅是为了让跑垒者出局

跑垒员安全上垒之后，投手向各个垒包投球的行为叫作"牵制"。如果能让跑垒者出局是最好不过的，但是牵制还有别的目的。

首先，在无法让跑垒员出局之前，牵制可以把跑垒员禁锢在垒包上，限制跑垒员远离所在垒包，这样的话即使下一个球被击球员打到，也可以防止进垒。其次，试探对手也是牵制的重要目的，例如，可以看出对手是否打算盗垒，是否要触击或者抢分触击。

> **附加**

会导致投手犯规的情况

以下的动作会导致投手犯规，场上所有跑垒员无条件地各进一垒。

如果发生投手犯规，局面会非常不利于球队。同时不仅是投手自身，也会给队友造成精神上的压力，所以投手必须小心谨慎。

1. 1 次投球姿势没有架好就做出投球动作算作投手犯规。
2. 架好投球姿势时左右肩膀晃动算作投手犯规。
3. 中止投球动作，或者做不同的动作算作投手犯规。
4. 没有踩在投手板上投球算作投手犯规。
5. 踩在投手板上却向一垒进行牵制算作投手犯规。
6. 没有正面面向击球员就投球算作投手犯规。
7. 踩在投手板上球从手中掉落的话算作投手犯规。
8. 踩在投手板上，能够活动的另一只脚没有向投球方向迈出一步的情况算作投手犯规。

专栏 1

不要成为牛棚的王牌

在棒球运动中，投球的练习场被称为"牛棚"。

英文单词"bullpen"原本的意思是"把牛群包围起来的地方"，但对于这个词为何在棒球中具有现在的含义有多种说法。最流行的说法是"棒球投手就像是在栅栏中等待自己被送入斗牛场或者屠宰场的牛一样"。

在这个牛棚里，有的投手明明可以展现出极好的控制力，投出速度极快的球或者非常犀利的变化球，一旦上场比赛，站在投手丘上，就变成了完全没用的投手。这样的投手被称为"牛棚王者"。

比赛时，面前自然会有一位击球欲望强烈的击球员，看台上也会有许多的观众。

投手如果突然意识到这些情况，那么他们就会担心"如果球被打到应该怎么办？""这场比赛会因为我而输掉"等，因而手臂的动作会变得拘谨。这样的投手需要重新锻炼精神方面的能力。

但这还不是全部。训练方法也可能存在很大问题。例如，投接球练习、牛棚的投球练习、比赛中的投球不是循序渐进的、每个阶段的训练没有得到好的继承。

如果是投手，进行投接球练习时，要意识到接下来将在牛棚进行投球，并通过检查投球姿势和握球的情况来为牛棚的练习做好准备。进而，在牛棚进行练习时，还要假想比赛时的情况来练习。

另外，从心理上来看，上场比赛时，就要像在牛棚里练习一样放松地投球。在牛棚的投球练习，就要像投接球练习一样的轻松。

此外，通过在牛棚练习和正式比赛之间进行练习赛或者公开赛，就可以尝试各种技术并做好心理准备。

第4章

守场员的防守·进攻练习

本章将介绍守场员的防守训练和进攻训练方法，投手应掌握这些运动技术，同时掌握守场员的心理活动特点。

守场员的防守·进攻练习

目标：从击球的基础中理解击球手的心理活动

训练 **018** 模拟游戏

难易度	★★★☆☆
时间	10分钟

获得的效果
▶ 控制力
▶ 技巧
▶ 防守能力

▼ 练习方法

1. 投手站在投手板稍前的位置，轻轻地投出击球员可以击中的球，然后接住击球。
2. 交换位置，将投手轻轻投出的球正确回击。

要点建议

保持良好的练习节奏！

投手接住球后迅速投出。
牢记步伐要轻快，接球要放松。

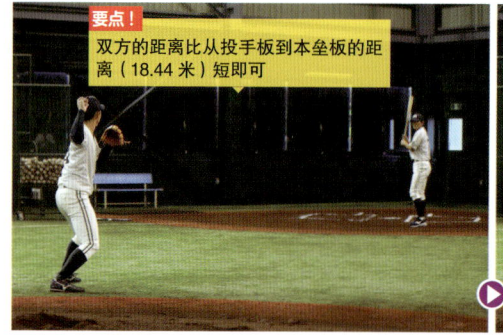

要点！
双方的距离比从投手板到本垒板的距离（18.44米）短即可

❓ 为什么这样做？

学习对球棒的控制方法和正确击球点

学习击球的基本知识，了解击球手的心理。

❌ 这里要注意！

» 投手投出球后，立刻转换防守姿势。
» 要投出击球手容易打中的球。
» 击球手要向投手正面轻轻击打，回击投球。
» 投手在接到球后要迅速投出，掌握好节奏，进行"拉力"训练。

拓展练习

增加防守人数，提高对球棒的控制力

从 2 人一组逐渐增加到 3 人一组、4 人一组。不仅向正面的投手回击，也要按照顺序向左右的防守球员回击。通过变化击球方向，提高对球棒的控制力。

要点！ 投出球后迅速转换防守姿势

要点！ 接到球后迅速投出

守场员的防守·进攻练习

目标 学习控制身体的方法
了解守场员的心理活动

难易度 ★★★★☆
时间 10分钟

获得的效果
▶ 控制力
▶ 速度
▶ 技巧
▶ 体能
▶ 防守能力

训练 **019** 传球

▼ 练习方法

1. 4人一组，分别站到任意一个垒包上。
2. 按照本垒——一垒—二垒—三垒—本垒的顺序进行传球。
3. 然后进行反方向传球。

要点！ 接到球后迅速改变方向投出球

要点建议

区别于自我启动的投球

棒球这项运动是从投手投球开始的。

投手在此练习中应避免"自我启动"，这是一个练习配合的动作，旨在练习在平衡被打乱的情况下也能打出好比赛。

为什么这样做?

学习内场手的身体控制方法

学习即使接球的时候身体姿势不正确,也能投出好球的身体控制方法和保持平衡的方法。同时,了解守场员的心理活动,掌握如何容易接球、如何用手套触人。

这里要注意!

» 无论什么姿势都要用良好的节奏投球。

» 投球时要投到对方容易接到的位置或容易触杀跑垒者的位置。

» 要训练到内场的所有位置。

拓展练习

进行反方向投球、对角线投球的练习

一开始4人都向左面投球,接着往反方向投球。身体需要两个方向的相互切换,所以一定要进行左右两个方向的训练。此外,还要练习从一垒到三垒或者从二垒到本垒的对角线传球路线。

69

守场员的防守・进攻练习

目标 提高接球和送球的技术

难易度 ★★★★☆
时间 20分钟

获得的效果
▶ 控制力
▶ 技巧
▶ 体能
▶ 防守能力

训练 020　内场防守

▼ 练习方法

在内场的防守位置上，接收教练或队友的击球（knock）进行练习。接住球后向一垒送球。

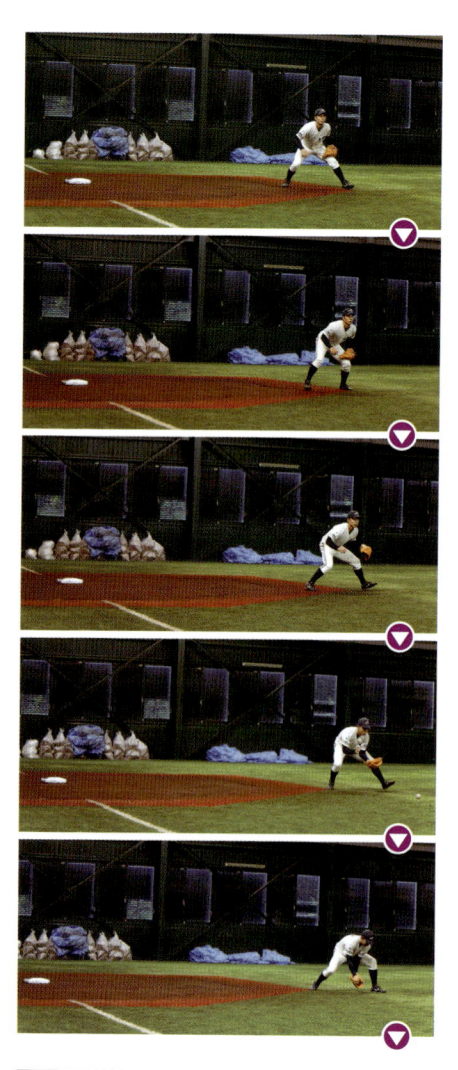

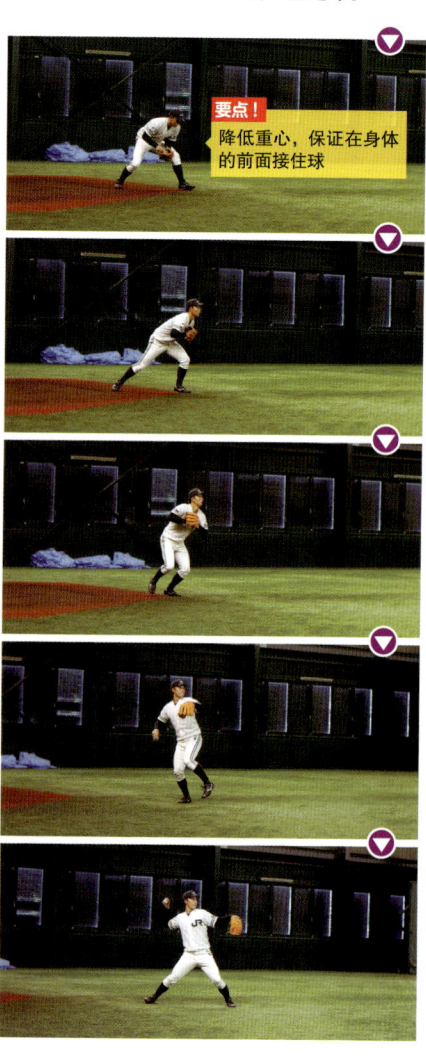

要点！
降低重心，保证在身体的前面接住球

❓ 为什么这样做？

提高防守和投球的技术

和内场手一起接受击球的防守训练，学习接球时的步伐、手套的使用（接球处理）、投掷、快速投球等动作。同时，还能锻炼投手用不到的肌肉，提高脚下动作的能力。此外，还能体会到一直在投手身后支援的守场员的心情。

❌ 这里要注意！

» 不要勉强用双手接球，造成惯用手受伤。

» 所有动作都要以正确姿势做完。

» 在近距离观察内场手的动作。

📋 拓展练习

在内场的所有的位置上进行击球的防守训练

不要在特定的位置上，要在所有的位置上进行这项训练。另外，送球的方向也不只是一垒，也要向二垒、三垒、本垒进行送球，体验内场手各种各样的动作。接地滚球时，还要根据跑垒员和计分情况，向不同地方送球，用击球的防守训练来练习身体的方向切换和投球能力。

保护游击手，向二垒球员送球

👆 要点建议

自己拯救投手的防守

善于处理地滚球或者触击是顶级投手的必备技能。通过防守可以防止扩大危机，因此好好地进行训练吧。

71

守场员的防守·进攻练习

目标 了解外场手的心理活动
学习用尽全力去投球

训练 **021** 外场防守

难易度 ★★★★☆
时间 10分钟

获得的效果
▶ 控制力
▶ 速度
▶ 技巧
▶ 体能
▶ 防守能力

▼ 练习方法

1. 在外场的防守位置上，接教练或队友的击球（knock）练习。
2. 接到地滚球（或高飞球）后全力投回本垒。

要点！ 前进时视线不要离开球

要点！ 向前迈一大步进行长距离投球

要点！ 降低重心后接球

要点！ 不要停止活动，靠着惯性准备投球姿势

为什么这样做?

学习外场手向本垒回传球，掌握大幅度地尽全力投球的方法

一边前进一边接球，利用惯性和力量向本垒回传球。这一系列动作对于投手来说也是一样的。投手在外场地位置重新观察棒球的动向和趋势，可以发现不一样的东西，也可以体会到外场手的心情。

❌ 这里要注意！

» 前进时视线不要离开球。

» 利用身体的力量尽全力投球。

» 看清击球的飞行路线和飞行方向。

» 如果球飞向右侧中心或者左侧中心，要明确地呼喊队友。

要点建议

外场击球的防守练习非常适合用来增强下半身的力量

让队友击出向前后左右的飞球和地滚球，尽全力去追那些球，可以很好地锻炼下半身。因为外场的防守范围非常广，所以可以获得比平常冲刺训练更好的效果。

守场员的防守・进攻练习

难易度 ★★★☆☆
时间 15分钟

获得的效果
▶ 速度
▶ 技巧
▶ 体能

目标 提高腰部的旋转

训练 022　定位球打击练习

▼ 练习方法

1. 向斜前方抛球。
2. 朝向球网，尽全力击球。
3. 抛球不要停止，掌握良好的节奏连续击球。

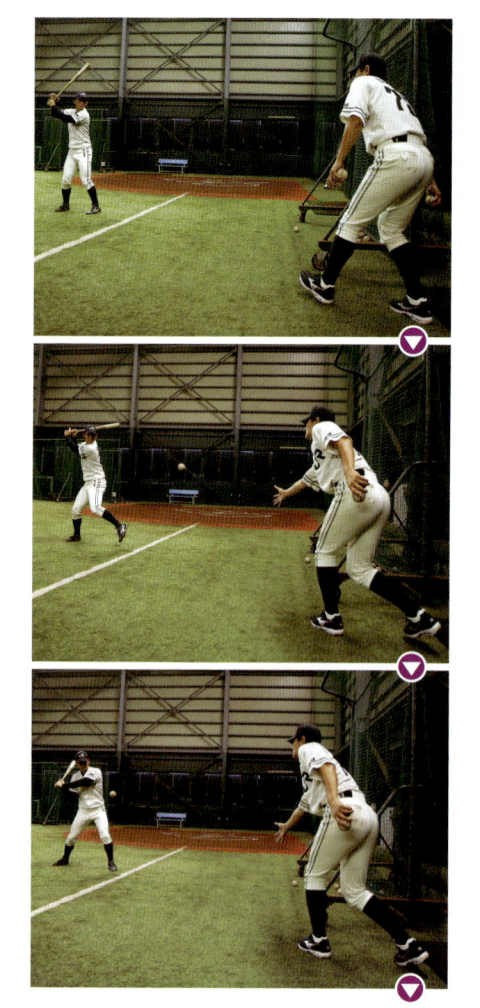

？ 为什么这样做？

提高投球姿势中重要的腰部旋转能力

若对抛过来的球尽全力连续击打，则可以充分掌握旋转腰部击球的技巧。同时，这项训练可以增强全身的肌肉力量，均衡地锻炼上半身和下半身。

✘ 这里要注意！

» 尽全力挥动球棒。

» 用球棒击球面的中心，用力击球。

» 牢记迅速并且有力地挥棒。

附加

什么是定位球打击练习？

有一种击球练习叫作"击球座击球"，是在地面上立起一根击球座，将球放在击球座上端的小托盘上，来进行击球训练的方法。但是日本现在已经很少用棒球击球座这种设备进行训练了。现在所谓的"定位球打击练习"，就是本章介绍的，有一名陪练员在旁边抛球，球员进行击打的训练。

拓展练习

向左右方向击球！

通过定位球打击练习击球时，最好进行不同的变化，比如改变投手的位置、转换内角球或者外角球、改变击球的方向。但是，如果投手是为了强化身体的柔软性和回转力，应进行左右两侧的定位球打击练习。左右均衡的练习是至关重要的。

守场员的防守·进攻练习

目标 学习击球手的心理活动

难易度 ★★★★☆
时间 15分钟
获得的效果 ▶技巧

训练 023　自由击球

▼ 练习方法

让进行击球练习的投手投球，然后进行击打。
或者自己也可以担任击球练习投手的角色，将球投给击球手。

要点建议

带着目标进入打击区

"因为我是投手，所以只需要考虑投球"这种想法是错误的。想了解击球手的心理，就要站在击打区中思考，如考虑投手投球的方向或者想击打的方向。

❓ 为什么这样做?

通过亲身经历了解击球手的心理和目标

什么样的投手姿势更容易击中？什么样的投手姿势更难击中？投球的距离是多少？击球手在各种情况下会有什么相应的目标？如何预测投球？诸多问题，只要自己站在击打区练习击球，就能够体验击球手的各种动作，从而获得这些问题的答案。

❌ 这里要注意!

» 不要什么都不想，心不在焉地站在击打区。
» 要清楚地意识到自己想击球的方向和质量。
» 设置球数、出局数、跑垒员人数等情况。
» 追求理想的击球姿势。
» 击打投手投出的有灵活度的球，而不是使用发球机。
» 小心死球和自击球。

进阶!

进行击球练习的投手也需要了解比赛

这是从击球手的角度学习投手和击球手之间战术的机会，所以要让击球练习的投手竭尽全力地投球，并保证投出的球不会轻易被打到。

训练时根据比赛场景（如设定出局数、球数或跑垒员人数等）来进行。

守场员的防守·进攻练习

难易度 ★★★★
时间 15分钟

目标 学习跑垒的技术

获得的效果
▶ 技巧
▶ 体能

训练 **024** 跑垒

▼ 练习方法

设定一个情境并进行跑垒，例如当作为击球手打出安打时或当作为跑垒员出现安打时。

❓ 为什么这样做？

学习跑垒时如何使用身体

学习在不减速进行跑垒时，如何摆动身体。同时，有助于了解跑垒员的想法和心态，对提高体力有很大的帮助。

❌ 这里要注意！

- 训练时要计时，在队内进行竞争。
- 需要思考用什么样的跑步姿势才能够更新最佳纪录。
- 不是从本垒板开始，听到"预备，跑！"的信号之后，绕垒包跑一圈，而是根据情况决定好开始的垒位和终点的垒位后，再开始跑步。

要点！
踩在垒包的内侧一角上

确认好跑垒的方向!

[二垒打时的垒包绕法]

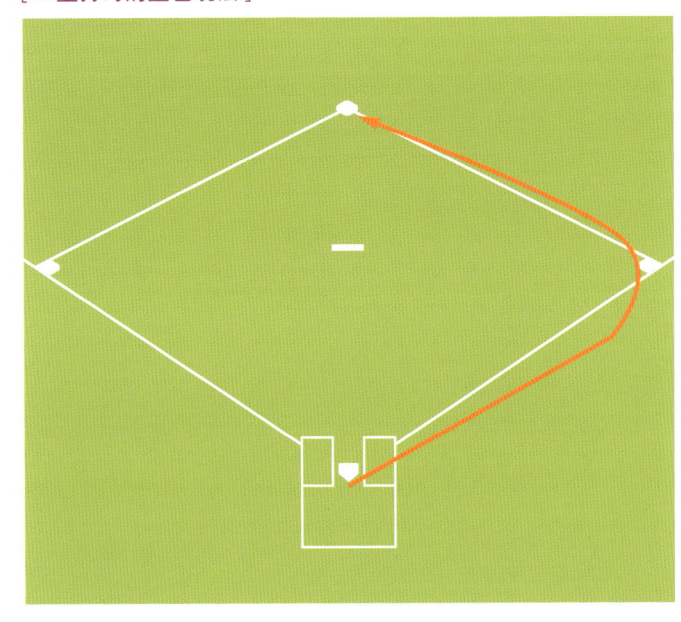

在踏上一垒垒包之前，选手要以曲线而非直线跑动，踏上一垒垒包后，要以直线冲向二垒垒包。如果向一垒垒包跑直线，那么就不能正对着二垒垒包跑直线，并且无法避免被二垒的防守选手接触（触杀）。

[三垒打时的垒包绕法]

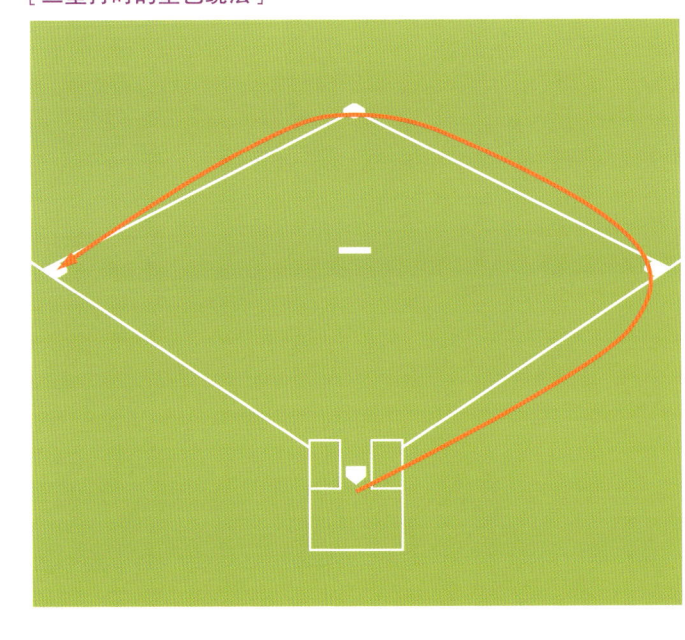

如果有机会越过右外场、穿过右边界或穿过右外场手和中外场手之间的区域击出三垒打，那么像冲向一垒垒包时一样，跑二垒垒包时需要跑曲线而不是跑直线，再以直线冲向三垒。绕过一垒后，球将从选手的后方飞过来，因此在跑垒之前，选手必须掌握击球的方向和威力，以及对手的防守站位后，再决定是否向三垒推进。另外，如果遇到无法自行判断的情况时，请按照三垒教练的指示进垒。

[从二垒返回本垒时的垒包绕法]

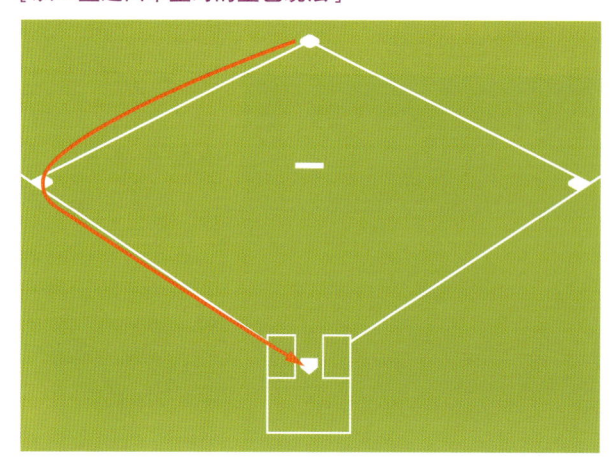

在绕过三垒之前要跑曲线，并从三垒直线跑到本垒。冲上本垒时，应密切关注三垒教练并听从他的指示，是否需要在本垒滑垒应听从下一个击球手的指示。

要点 跑垒的基本知识——踩垒包的方法

[跑过一垒时如何踩垒包]

击球手跑在三英尺线（垒线）上，当跑过垒包时，踩在靠近垒包的地方是基本动作。注意不要踩到靠近二垒的方向，因为一垒手会踩在那一侧。另外，还要小心不要踩到垒包内侧，因为容易打滑摔倒或者导致脚跟疼痛。

[绕垒包时如何踩垒包]

绕垒包时，无论在哪个垒上都要踩在垒包的内角上，这是基本动作。身体向内倾斜的话，可以顺利地进入下一个垒包的跑垒。请勿踩在垒包的中心，这可能会使脚底打滑并摔倒。理想情况下，应该用左脚踏上垒包，使身体向内倾斜，但如果左脚踩上垒包会导致速度下降的话，右脚踩上垒包也是可以的。

进阶！

通过比赛形式练习跑垒员技术

作为投手，了解跑垒员在比赛中的想法的最佳方法是，在比赛形式的练习中实际扮演跑垒员的角色，体验离垒和进垒。

附加

钉鞋和跑鞋

钉鞋可分为"金属制钉鞋"和"软鞋钉钉鞋"。

金属制钉鞋的大底（鞋底）有9个、8个或6个锋利的金属制鞋钉，可以牢牢地抓住地面。

软鞋钉钉鞋的鞋底有由塑料或橡胶制成的钉子状突起物，其特点是对脚的阻力较小，并且不易疲劳。

现在，越来越多的选手使用软鞋钉钉鞋来减轻脚部的负担。在人造草坪场地上，也有不少选手在进攻时会穿金属制钉鞋，而在防守时改穿软鞋钉钉鞋。

但是，即使在防守时，投手在投手板也要紧紧地踩住地面，以稳固下半身的动作，所以会常穿金属制钉鞋。穿金属制钉鞋投球或者跑步是最合适的，所以为了避免造成腿部或者腰部疼痛，必须好好进行锻炼。

在球场外穿着跑鞋可以轻松地跑步，腿部和腰部也不会轻易产生疼痛，但是踏入球场后不管是投球还是跑步，都要常穿金属制钉鞋。"既然是跑步练习，那么穿跑鞋也一样"，这样的想法是行不通的。

在实际练习中，穿钉鞋跑步的时间是很有限的。投手也要积极地参与跑垒练习。如果跑步量不够的话，那就在全员训练的前后，在外场的杆与杆之间不停地跑步吧！

专栏 2

训练后及时进食

说到补充体力的食物，无论是以前还是现在，人们都会想到鳗鱼和牛排。然而，只吃这些食物并不会增强体力，只会适得其反。尽管鳗鱼中含有对身体有益的优质碳水化合物、蛋白质及维生素 A 族和 B 族，牛肉中也含有大量的蛋白质。但关键是保持摄入量的平衡。摄入的目标是 60% 的碳水化合物、20% 的脂肪和 20% 的蛋白质。主食应以米饭、面包、乌冬面、荞麦面等为主，主菜应有肉、鱼、蛋、大豆等多种食材，保证营养均衡。维持身体健康所需要摄入的蔬菜量为一天 350 克，仅靠生吃很难完成，因此也要尝试炖煮或焯水凉拌菜。乳制品、薯类、海藻类和水果也是必不可少的。

在投手的重要比赛日的前一天，最好避免吃不易消化的肉类。建议采用以碳水化合物为主的"糖原负荷法"进食方法，在比赛开始前 2~3 小时吃饭团、荞麦面、水果等。但比赛前吃什么，什么时候吃能够帮助选手保持最好的状态，是因人而异的。应尝试不同的饮食习惯，最后找到最适合自己的饮食方法。

训练后尽量在 30 分钟内摄入碳水化合物、蛋白质和维生素 C，会明显感受到疲劳减轻的速度有所不同。

在比赛期间，也需要少量多次地进行水分补给，但并不是单纯地喝水，而是要喝利于糖分吸收并能提供能量的运动饮料。

第 5 章
投球

本章首先明确进入牛棚练习投球时需要做什么。其次，本章针对性地介绍有问题的投手的特殊练习方法，以及更接近实战的快速投球和触击的处理练习。

投球		难易度	★★★☆☆
目标	将投接球培养的良好感觉应用在投手板上	时间	1~2分钟

获得的效果
▶ 控制力
▶ 速度
▶ 技巧
▶ 体能
▶ 防守能力

训练 025　站立投球

▼ 练习方法

1. 接手于站立位摆好接球姿势。
2. 投手要投出比正常好球区稍高一点的球。

要点建议

确认球的威力

这项练习是从平坦的地面上投接球到倾斜的投手板上的过渡。通过投高球，可以建立良好的投接球意识。如果投手不投出有冲击力的球，那么当接手坐下时，球将失去更多的动能。一定要仔细检查手指和球的接触情况和球的威力。

为什么这样做?

完成投接球的进阶

不要忘记培养好的投接球的习惯,为在牛棚的投手板上投球做好准备。

这里要注意!

» 用身体适应投手板的坡度和到本垒之间的距离(18.44 米)。

» 确认手指如何触球并投出具有威力的球。

» 注意控球。

» 进行和实战相同的投球,来测量当天的状态。

拓展练习

接球手也可以单膝跪地

如果在接球手站立时投球的感觉不对,可以让接手单膝跪下。然而,即使在这种情况下,也要将球扔得比正常的好球区稍高一些。这样的动作调节,对保证球的威力非常重要。

进阶!

完成 5～10 个球

高中生练习时,经常站着互相投球,这减少了他们实战练习的时间。例如,定下了 100 个投球的目标,要投出 50 个站立投球的话,只能在实战练习中投 50 个球。理想情况下,站立投球次数应该为 5～10 次。投手要养成在投几次球之后,就让接球手早点坐下的习惯。

投球

难易度	★★★★★
时间	5～10分钟

目标 学会投出难以被击出长距离的球

获得的效果：
▶ 控制力
▶ 速度
▶ 技巧
▶ 体能
▶ 防守能力

训练 026　外角球

▼ 练习方法

让接手在外角球区域准备接球，投手有意识地向外侧投球（假想是右手投手对右手击球手进行投球）。

要点　如果投不出外角球那就不能被称为投手

外角球是针对右手击球手而言的，从投手角度来看是左侧的球，对于左手击球手而言，从投手角度看是右侧的球。确保控制好每一个球的方向是投手的基础，也是组成投球的轴心。此外，也要认真练习难以被击出远距离的投球方法。

❓ 为什么这样做？

外角球路线的球很难控制

练习外角球时，如果不能灵活地使用身体是很难进行控球的，因此开始投球时就要认真。

❌ 这里要注意！

» 完美地控球。

» 不要刻意减速或轻投球。

» 使用身体全身力量，利落地转动腰部。

👉 要点建议

分球路练习投球时从外角球开始

当分球路练习投球时，首先要从外角球开始训练。投右侧对右侧的外角球时，不要用手的力量，而是要充分利用身体的旋转，不然球会很难控制。调动身体最多部位运动的，也是最难的投球路线，即外角球，因此从最难的投球方式开始练习吧。

要点！
身体充分旋转。

投球		难易度 ★★★★★
目标	**学会近角球投球可以成为绝招**	时间 5～10分钟

获得的效果
▶ 控制力
▶ 速度
▶ 技巧
▶ 体能
▶ 防守能力

训练 027　近角球

▼ 练习方法

让接手在近角球区域准备接球，投手有意识地向内侧投球（假想是右手投手对右手击球手进行投球）。

🏐 要点　争取达到 100% 的目标

右手投手对右手击球手进行投球时，近角球不用像外角球一样充分旋转身体再投球，投球难度相对较低。

但是，近角球如果不控制好的话，容易被打出长距离击球。因此，要时刻保持专注，控制好投球。

88

? 为什么这样做?

将相对容易投掷的近角球变成自己的绝招：可稳定地控制球

对于投手来说，近角球比外角球更容易投掷；对于击球手来说，近角球更容易被击中。这就是为什么要求近角球的投球准确率要达到100%。

✕ 这里要注意!

» 想象击球手站在旁边。

» 丝毫不能疏于控制。

» 投出自己认为最好的直线球。

进阶!

回到起点，分别投掷外角球和近角球

外角球和近角球是投手的基本动作。最近，一些球队在投球练习中限制了投球次数，以避免投手的肩膀和肘部受伤。所以不断练习正确地投出外角球和近角球的动作吧。但为了提高投球控制能力，在掌握了外角球和近角球的投掷后，还应练习对角线式投球。投高处的近角球后投低处的外角球，接着投高处的外角球后投低处的近角球，这样就能很明确地分开两种形式的投球。

投球

目标：为了扩大投球的范围学习不同种类的投球吧

难易度 ★★★★★
时间 —

获得的效果：
- ▶ 控制力
- ▶ 速度
- ▶ 技巧
- ▶ 体能
- ▶ 防守能力

训练 028　变化球

❓ 为什么这样做？

不断练习直到可以在比赛中发挥

如果投手想尝试被认为在投球策略中必要的变化球，首先要学习其基本握法。其次在进行投接球练习时，尝试手腕的使用方法、手臂的摆动方式以及球的出手方式，以判断是否能够成功投出该变化球。如果觉得"可以投了"，那么就进入牛棚，面对接手进行投球，确认球的轨迹。然后通过练习提升控制力和球的旋转。

❌ 这里要注意！

» 确认球的轨迹。

» 磨炼控球能力。

» 同样的变化球要投向相同的地方，并且做到可以连续投掷成功。

👉 要点建议

在与实战相近的环境中练习投球

当学习新的变化球时，可以抱着玩一玩的心态去尝试记住球的握法或练习投接球。但当在牛棚练习投球时，情况就不同了，可以让击球手站在旁边，让接手做出手势信号，并加入一名裁判员。设置类似于比赛的情况，并通过确定球数、出局数、有无跑垒员等来进行投球练习。

进阶！

练习组合使用直球和变化球

有些投手在连续投直球时，能够以完美的速度、锐度和控制来投球，但投出曲线球后的下一个直球往往容易发软。也有投手在投完曲线球之后，投出下一个直球时，球中会稍微带一些曲线球的回旋。如果不专注于练习一种投球方式的话，那么将无法提高投球技术，但尝试不同投球类型的组合，找到自己的问题也很重要。

投手、接手、击球手都要以各自的角度确定变化球的轨迹。

附加

只要以正确的姿势投掷变化球，也可以防止受伤

据说投太多变化球会导致受伤，但如果用正确的投球姿势来投，和投直球并没有什么不同。关键在于，当投掷变化球时，投球姿势往往会松散。因为投手太过专注于让球下坠或旋转，导致手臂或手腕过度扭动，从而对肘部或肩部造成负担，最终造成伤害。

另外，学习正确姿势的同时，作为投手，还需要加强腿部、臀部和核心力量，增加肩膀周围的肌肉，提高身体灵活性，以稳固身体的轴心。

即使是同一种变化球，每个人握球和投球的方式也不同。不要关注哪个姿势是正确或错误的，而要记住本书第 92～100 页介绍的基础知识，理解投球本质，并尝试找到适合自己的握球和投球方法。

▶ 直线球（四缝线直线球）

快速且灵活的球

这是不会弯曲或下落的投球，即快速、灵活的快球，因为投球后击球手可以看到球的四条接缝线，所以也称为"四缝线直线球"。如果竖起拇指并将其钩在球的接缝处，球会旋转得更快，即使飞行到击球手的手边也能保持威力，是一种强有力的投球。

【握球方法】

将食指和中指的指尖放在球的接缝处。此时，分开一根手指的宽度。将拇指放在两根手指的正下方，立住球。握球时，球和手掌之间要留一个细小的间隙。如果握法正确，拇指指甲的侧面、食指和中指的指尖，这三个地方会起茧。

NG

◀ 拇指不能偏向食指

◀ 拇指不能偏向中指

▶ 二缝线直线球

在击球手手边的微妙变化

　　二缝线直线球是指击球手可以看到两条球的接缝线的球。由于球的旋转不规则，球遵循与直球相同的轨迹，但在击球手的手边会产生细微的变化，球要么跑开，要么接近，很难用球棒击球面的中心击中这种球。如果在击球面中心之外打到球的话，就会击出地滚球和高飞球等普通击球。投二缝线直线球的关键在于当球离手时稍微扭转手腕，给球稍微向外的推力。

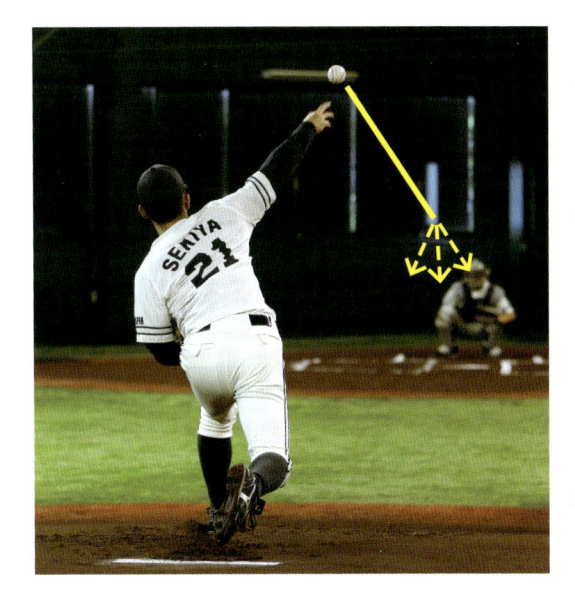

【握球方法】

　　将食指和中指放在球的接缝处并用力按压。将拇指横向弯曲并将其放在接缝处。只需改变手指施力的方式，就可以改变球的变化方式。

93

▶ 滑球

滑球会逃离击球手的手边

滑球是当右手投手将球投向右手击球手时，球会像逃跑一样从击球手的手边滑出去的球。滑球没有太多的弯曲，但速度很快，所以击球手会误认为这是一个直球并挥动球棒，所以如果滑球足够刁钻，还可以让击球手挥棒落空。投球时不扭动手腕，只将球向正前方推出去，完成动作后确保拇指朝下，手掌朝外。

顺缝（手指沿着棒球的缝线）

逆缝（手指横跨或逆着棒球的缝线）

【握球方法】

将食指和中指贴在一起，球的中心稍微移向中指，然后将中指钩在接缝线上。将拇指也放在接缝线上，比快速球握得更深。球上的接缝有两种：顺缝和逆缝（照片中接缝线的接缝方向不同），顺缝比较容易握住。

▲这是握住逆缝的样子，是不想让球路弯曲的有效握法

▶ 切球

在击球手的手边产生细微的变化

由于切球（卡特球）的投掷方式与快速球相同，球的速度几乎不变，并且遵循相同的球的轨迹，因此击球手会误以为来球是快速球，而用力挥棒。但卡特球会在手边略有变化，导致击球手无法击中球。弯曲或下落的曲线球容易让击球手挥棒落空，等待快速球的击球手很有可能会放弃曲线球的击球，但卡特球会让击球手误判而挥棒。

【握球方法】

缩小食指和中指之间的间隙并将指尖放在接缝处，稍微向右（拇指一侧）握住球。中指比食指更用力地握住球，想象在出球的瞬间发力。

▶ 曲线球

画一个大弧线并打出时间差

对于右手投手来说，从右向左画出大弧线，对击球手造成的错觉是最有效的。另外，曲线球球速比快速球慢得多，球速快慢的变化容易让击球手误判。投手倾向于朝球的曲线方向扭转手腕，但手腕在最高的位置时，需要向内侧定住。投球后，手掌朝外，拇指朝下，和投直线球一样。

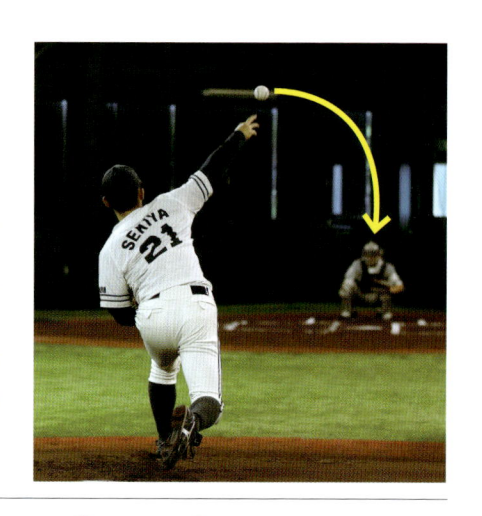

【握球方法】

将中指牢牢卡在缝线上，食指放在球的中间，拇指也放在缝线处。手腕要深度弯曲，以"拉出"球的方式投球。曲线球的种类有很多，比如垂直弯曲、水平弯曲、速度极低的曲线球等，所以找到适合自己的握球方法至关重要。照片中显示的是指叉曲球的握法，适合纠正手腕过度弯曲的投手。不要过度使用手腕或强行"拉出"球，而是像快速球一样投掷。

▶指叉曲球的握法是将食指立起来握住球

▶ 变速球

与快速球争夺速度差

变速球是最能自由调整速度的投球。姿势的关键是要以与快速球完全相同的形式和手臂的摆动进行投掷。这会让击球手误以为是直线球，从而产生"球还没到击打时机"的错觉。变速球没有大的变化，但是因为球的旋转很少，所以击球手会感觉球在手边有下沉的变化。

【握球方法】

变速球又被称为"圈变球"或"OK球"，投手用食指和拇指做出 OK 的手势，沿着接缝处，用手掌紧紧地握住球。确保握球时不会碰到中指、无名指和小指，像放开球一样投出去。

▲首先，只将拇指放在接缝处，用拉着球的感觉握住球

▶ 曲速球

紧逼击球手内侧挤压球棒

右手投手的曲速球球速接近直线球，对于右手击球手来说，球在内侧穿过，而对于左手击球手来说，球会像逃跑一样向外弯曲导致其失手，挥棒落空。出球时用中指切球可以增加球的旋转速度，投球之后，手掌要朝向三垒。

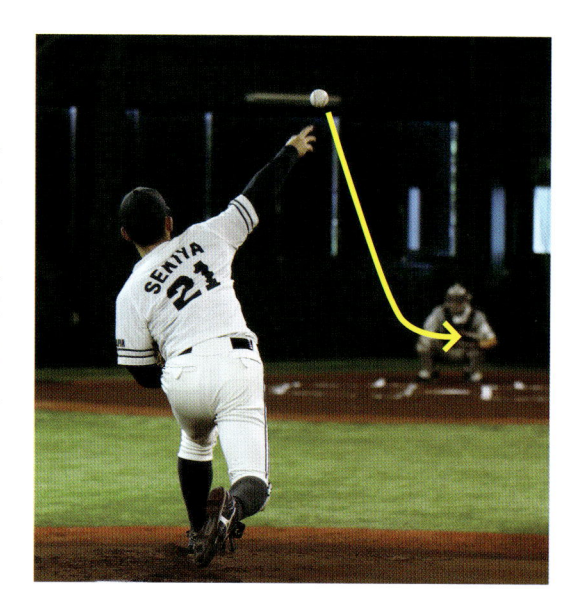

【握球方法】

将食指和中指放在球接缝处的狭窄部分。将拇指放在球的正下方稍微偏外的地方，不要接触接缝处，也不要握球太紧或太深，要在球和手掌之间留出空间。

▶ 指叉球

让击球手挥棒落空的决定性落下球

如果用食指和中指夹住球，并以与快速球相同的手臂摆动方式将球投出，那么没有旋转的球将遵循与快速球相同的轨迹，同时会"砰"的一声落在本垒板前面，导致击球手很难击中球，容易挥棒落空。注意不要让球飞得过高，也不要害怕球弹在地上，大胆地投球。

【握球方法】

用食指和中指紧紧地夹住球，不要接触球的接缝处。将拇指轻轻放在食指和中指之间。"三指叉"的握法适合手指较长且握力较强的投手。手掌小、手指短的投手无法用食指和中指紧紧地夹住球，因此应尝试练习"四指叉球"的技术，即拇指握在球的外侧位置并将无名指放在中指下方。

▲手掌小（手指短）的投手也能投掷的四指叉球

▶ 快速指叉球

有球速和小幅下坠的球路

快速指叉球（Split-Finger Fastball）也被归类为指叉球的变种，简称为"SFF"。握球时，食指与中指的开叉比指叉球小。因此，出手后球的旋转剧烈，球速快，下坠幅度小。快速指叉球还与直线球特性相近，容易控制球路，使击球手挥棒落空。

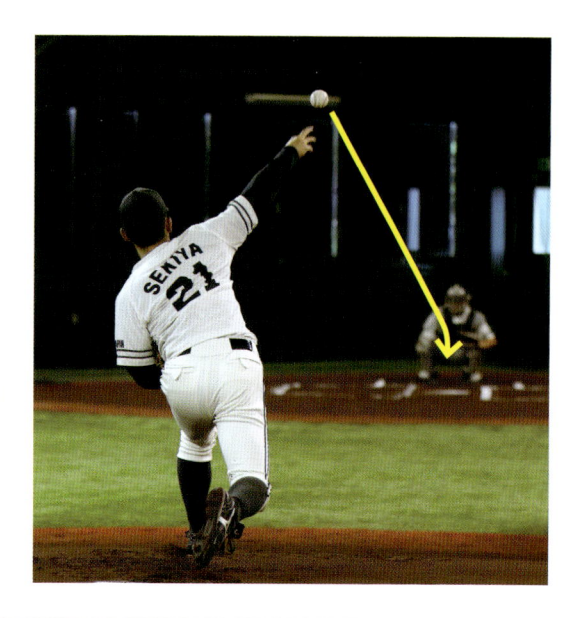

【握球方法】

快速指叉球和指叉球握法相似，都是食指和中指叉开夹住球。但是开叉的角度比指叉球小，手也是稍微扣住球。食指和中指的指根部要与球之间有空隙。无名指的第一和第二关节也要紧贴着球。

专栏 3

七彩变化球不是必需的

美国职业棒球大联盟流传着这样一段名言。

"一个投手如果可以投出两种变化球,那么就可以进入3A级别的美国职业棒球小联盟(相当于日本职业棒球的二军);如果投出三种,可以晋升到大联盟;如果投出四种,可以进入首发名单;如果投出五种,一个赛季可以拿到至少10场胜利。但是如果投出六种,就只能停留在1A级别的小联盟球队里。"

换句话说,投手如果可以投出五种变化球,可以说是登峰造极。但是投手如果投出五种以上的变化球,那么只能说投手是有投球能力的。因为很多这类投手投出的球都是半吊子的,不能称作杀手锏。

在棒球漫画里,描绘过能够自由自在地操纵"七彩变化球"的强大投手,但是实际上,投手并不需要掌握七种变化球的投掷技术。比起多种华丽的球路,不断磨炼自己擅长的球路才是制胜之路。

变化球大致分为四类。第一类是投手的基本功——快速球(直线球)。二缝线快速球(Two-seam fastball)也是其中一种。第二类是像滑球(Slider)或者卡特球、切球(Cutter)这一类,是对于右手击球手来说向外角移动的曲球。

反过来,第三类是对于右手击球手来说向内角移动的曲速球。这一类包括下坠球(沉球,Sinker)。第四类是指包括变速球(Chan-geup)的指叉球。这类变化球的球出手后没有旋转,但会在接近本垒板时下坠。

投手首先需要掌握一种直线球和变化球当作自己的杀手锏。当击球手看穿刁钻的变化球时,会意识到自己看到的只是球的假象。此时需要投手自由切换直线球和变化球,使击球手挥棒落空。在职业棒球赛里,也有很多将指叉球这样的变化球作为"秘密武器"与直线球活用的大放异彩的投手。

其次投手要练习纵向和横向的变化球。

如果还有余力,在上述的四种变化球分类中各掌握一种球路,这就就够用了。不要忘记,有能力投出变化球,运用至实战,以及对击球手有效,三者是完全不同的。

投球

目标：投出有威力的球

训练 029　接手远离的投手投球

难易度 ★★★★☆
时　间　5分钟

获得的效果：
▶ 控制力
▶ 速度
▶ 技巧
▶ 体能
▶ 防守能力

▼ 练习方法

1. 接手要在比与投手正常距离远2~3米处准备好接球姿势（如果投手拉开距离的话，投手板的高度会成为障碍，无法正常投球，因此接手后退比较好）。
2. 在比正常距离还要远的地方向接手投球。

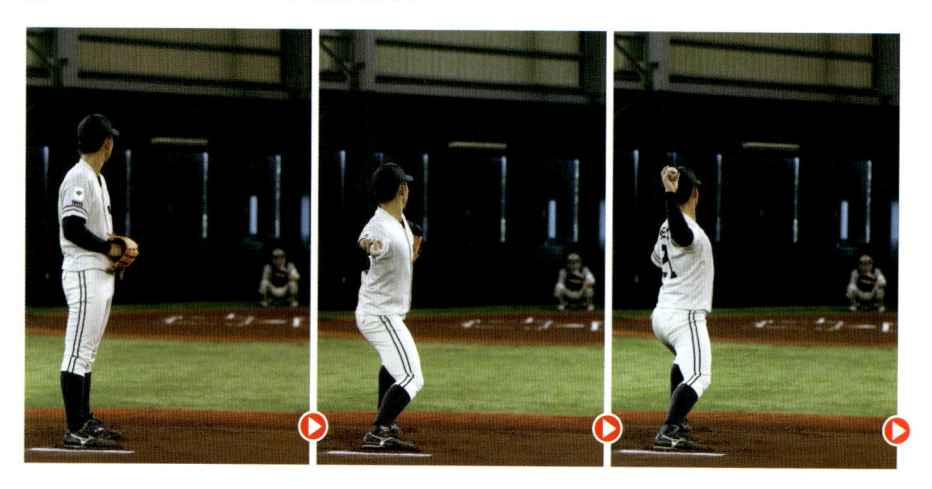

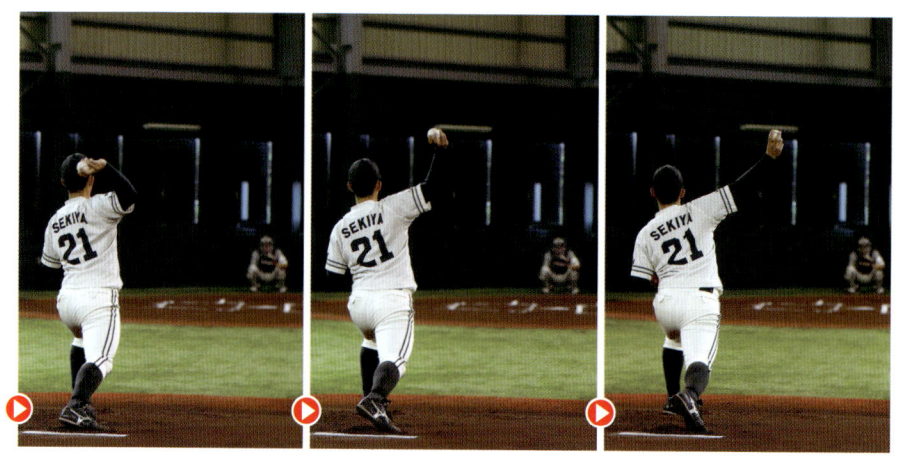

在比正常距离还要远的地方向接手投出强有力的一球。

为什么这样做？

让无法挥动手臂的投手用惯性投出球

对于天生性格温和或过于注重控制力而无法充分挥动手臂的投手，建议用这项练习。瞄准已经后撤的接手的接球手套，以全身的力量投出强有力的一球。

这里要注意！

» 尽情地挥动手臂后投球。
» 比起对球的控制力，更加重视球的强度和威力。

要点建议

接手向后移动 2～3 米

投手和接手之间的距离约为 21 米，比平时的距离长 2～3 米。投手可以向后移动来增加距离，但由于不便改变从投手板上投球的位置，因此在增加距离时应该接手向后移动。

要点

比起控制力更重视威力

此练习的主要目的是增加球的动能，所以不用担心轻微的控球失误，用尽全力挥动手臂投球即可。

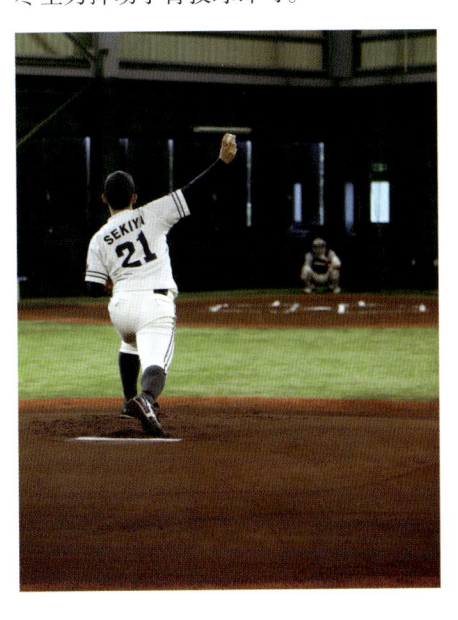

投球

目标：矫正控制力

难易度 ★★★★☆
时间 5分钟

获得的效果：
- ▶ 控制力
- ▶ 技巧

训练 030　接手靠近的投手投球

▼ 练习方法

1. 接手要在比与投手正常距离近2～3米处准备好接球姿势。
2. 在比平常距离更近的地方向接手投球。

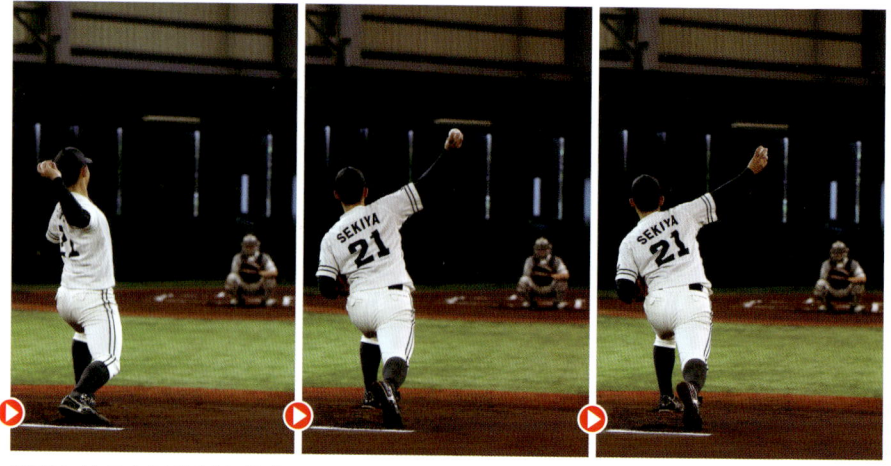

投手与接手之间的距离约为16米。

❓ 为什么这样做？

帮助控球能力差的投手想象投球路线和角度

一个投手要是太想投出强力球，则会导致投球姿势走样并过度挥臂。近距离轻轻投球，可以帮助投手想象投出去的球有什么路径，接手会以什么角度接住球等。

❌ 这里要注意！

» 不必过于用力地投球。

» 用正确的投球姿势投球。

» 投出球后，确认球的路线和角度。

👉 要点建议

重视控球力

作为一名投手，总是想要投出快速球。但如果用力过猛，投球姿势就会变形，球路就会失去控制。为了帮助这些投手找到控球感，接手的位置应比平常更靠前。离接手越近，投手就越能避免过度用力投球。这样的练习，会让投手有意识地重视投球时的控球力。

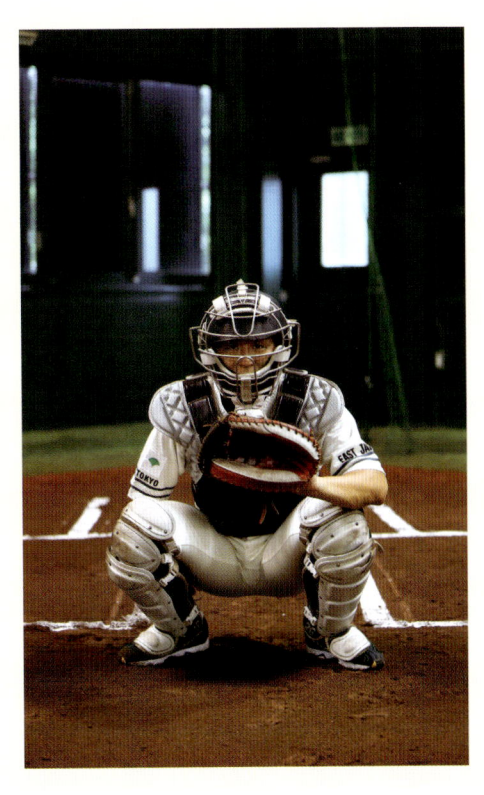

投球

目标 学习均衡的投球方式

难易度 ★★★★
时间 5分钟

获得的效果
▶ 控制力
▶ 速度
▶ 技巧
▶ 体能
▶ 防守能力

训练 031 提前投球

▼ 练习方法

1. 接住接手的回传球后，立刻做出一系列的投球姿势并投出球。
2. 反复不断地进行练习（10次投球为1组）。

要点 用于实战中的快速传球

实战中需要快速投球或投曲速球。习惯慢慢投球的投手，需要通过练习提前投球来让身体记住快速启动的方法。

❓ 为什么这样做?

学习如何以平衡良好的方式投掷

训练对象为不擅长快速投球，只能缓慢投球的投手。当接住接手的回传球时，不要保留体力，应立即有节奏地投出球，如果做不好，那就回到第1章中的"训练001 手指的3个阶段练习"的第1阶段、"训练002 节奏投球""训练005 快速投球"再次进行训练。

❌ 这里要注意!

» 要很有节奏"咚……咚"地投球。

» 即使快速投球，投球的姿势也不能变形。

👆 要点建议

接手蹲在原地回传球

这项练习最重要的是掌握好节奏和韵律，不仅是投手，接手也是一样。应配合好投手的节奏，在接住球的瞬间蹲下然后把球传回给投手。

107

投球

目标 调整上半身和下半身的平衡

训练 032　小碎步投球

难易度 ★★★☆☆
时间 5分钟

获得的效果：
▶ 控制力
▶ 速度
▶ 技巧
▶ 体能
▶ 防守能力

▼ 练习方法

1. 左腿抬起的同时，右手向后挥臂。
2. 左脚向前迈一步。
3. 左脚接触地面后，扭转上半身迅速投球。

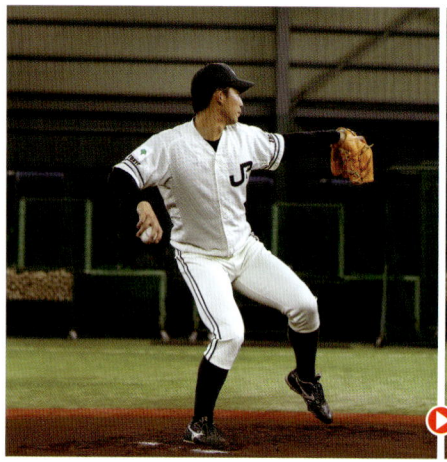

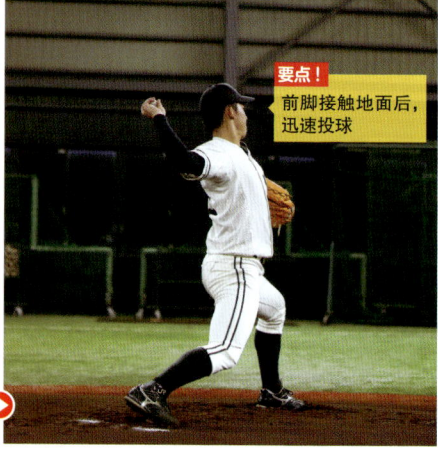

要点！
前脚接触地面后，迅速投球。

为什么这样做?

恢复身体上半身和下半身之间的平衡

如果投球姿势走样，身体的垂直平衡被破坏，那么下半身的力量将无法被正确地传递到上半身。另外，如果没有利用腰部的力量，结果就会变成只用手来投球，球的力量也很微弱。

这项投球练习就是为了纠正这一点。如果做不好，那就回到第 1 章中的"训练 001 手指的 3 个阶段练习"的第二阶段、"训练 002 节奏投球""训练 005 快速投球"，再次进行训练。

这里要注意!

» 投球要轻快且有节奏。

» 注意脚下的步伐宽度。

» 注意戴手套一侧的左肩的使用方式。

要点建议

前脚在接触地面的瞬间投出球

如果身体在前脚接触地面前就开始扭动，那么身体就会展开得过早。反之，如果前脚已经稳定，却依然拿着球，膝盖就会向前移动，出球点的高度也会下降。为了解决这个问题，要反复练习如何在前脚接触地面的瞬间投出球，学会平衡良好的投球方式。

109

投球

目标：不要降低手肘 学习出球时保持手腕不下垂

训练 033　从高处投球

难易度 ★★★★
时间 5分钟

获得的效果：▶ 技巧

▼ **练习方法**

1. 在投手前方约3米处架起一根杆子或系一根绳子，在正常出球点的上方约30厘米的位置。
2. 将球投过杆子或绳子上方。

要点　出球时不要让手腕下垂

因为高处有障碍物，所以投球时必须提高手肘。

不要让手腕弯曲，记住这种球出手的感觉。

要点！把球藏在头部后面

为什么这样做?

纠正被击球手看穿的投球姿势

当投球手臂开始后摆并扭转身体时,如果右肘下降没有转到头后的话,那么站在对面的击球手将能够在投球动作的早期阶段看到球,所以手要充分地绕到头后再投出球。如果做不好,那就回到第 1 章中的"训练 001 手指的 3 个阶段练习"的第三阶段,再次进行训练。

❌ 这里要注意!

» 不要降低肘部高度。

» 不要使用手腕投球。

» 球要有一瞬间藏在头后。

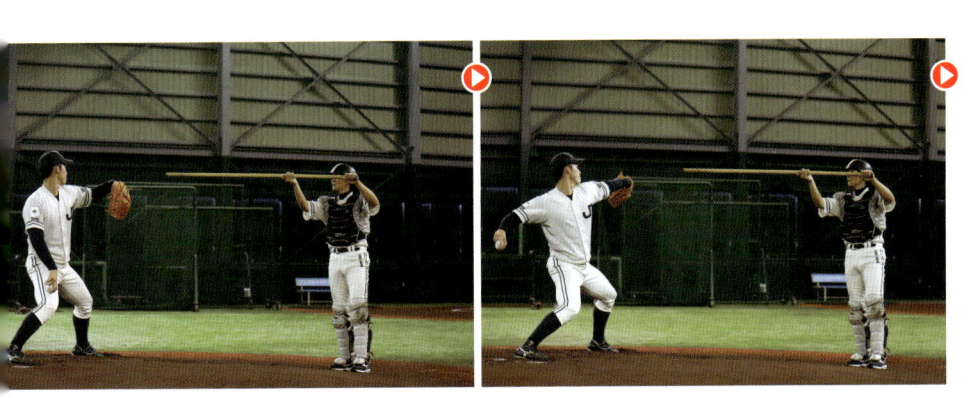

要点!
不要降低肘部高度

要点!
不要使用手腕投球

投球

目标：学习防止跑垒员进垒的投球方法

难易度	★★★★★
时间	5～10分钟

获得的效果：
▶ 控制力
▶ 速度
▶ 技巧
▶ 体能
▶ 防守能力

训练 034　快速投球

▼ 练习方法

1. 左脚不要抬起，向前蹭一步。
2. 把重心转移到右脚。
3. 重心移到右脚之后，用正常的投球方式来投球。

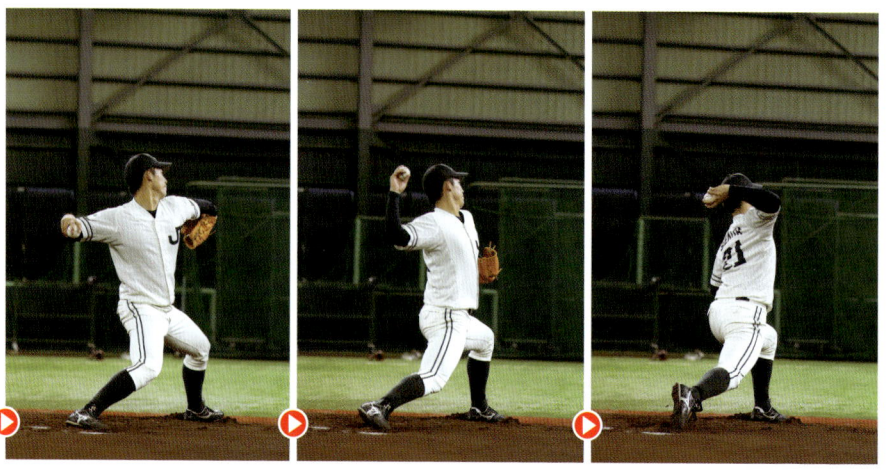

> **要点！**
> 重心向右脚转移左脚蹭地

为什么这样做？

练习防止盗垒并尽可能阻碍跑垒者进垒

脚不要抬得太高，用蹭地的脚来转移重心。投掷时，手臂幅度不要过大。重要的不是扔得快，而是省略一些投球动作。刚开始练习时不要想着投出与全挥式（完整的投球姿势）投球相同威力的球。只有不断练习，才可以投出既快又和全挥式投球的威力相近的球。如果快速投球和全挥式投球共用一个球，无论有没有跑垒员，都可以一直进行快速投球。不要忘记，快速投球是第 1 章中的"训练 001 手指的 3 个阶段练习"的延伸。

❌ 这里要注意！

- 不要抬起左腿。
- 避免身体向前冲。
- 最重要的不是跑垒员，而是让击球手出局。
- 记录时间。

👉 要点建议

准备姿势一定要保持静止

在第 3 章中的"训练 017 牵制"里也介绍了，如果快速投球前的准备姿势没有停顿的动作，会被视为投手犯规。投球时不要慌张，要有一瞬间的停止动作，再全力地投球！

进阶！

省略快速投球的动作

快速投球的秘诀不在于动作做得有多快，而是要考虑如何省略投球动作。最常省略抬起脚的动作及用平移运动和旋转运动进行的投掷动作。通过滑动双腿而不是抬起双腿，将平移运动与旋转运动连接起来。没有必要急于采取行动。

投球

目标：保证投球结束之后也能立刻动身

训练 **035** 触击的应对

难易度	★★★☆☆
时间	5分钟

获得的效果：
▶ 控制力
▶ 速度
▶ 技巧
▶ 体能
▶ 防守能力

▼ 练习方法

投球（或影子投球）后跑下投手丘，注意避免失去平衡。

❓ 为什么这样做？

准备触击处理，即使在投球结束后进行冲刺跑，也不会失去控制

如果处于一个可能会打出触击的局面，投手要先扔出难以触击的球。当击球手准备短打时，投手必须投球后冲刺，此时不要惊慌并要完成投球的最后一个动作。否则，控球节奏就会被打乱，投球就会变得随意。击球手是在动摇投手，为了让投手失去控球节奏，故意摆出触击的动作，实际上是要打出进攻球。所以平常就要好好地进行"控制好每一个投球→冲刺"的练习。

进阶！

对于触击，目标是投高球击出飞球和投低球挥棒落空

察觉到要被打触击时，如果是前期，那么可以投高球，这样击球就会成为飞球；如果是迫在眉睫的情况下，那就瞄准投低球，让击球手挥棒落空或者三振出局。

第 6 章
实际比赛投球

从投接球开始，
经历过在牛棚里投球，进行更实战的投球练习，
然后才能在比赛中投球，三振出局击球手，最后取得
胜利。本章可以学到以上过程中所需要的技能。

实际比赛投球	难易度 ★★★★☆
	时间 15～20分钟

目标：面对击球手投出自己的球

获得的效果：
▶ 控制力
▶ 速度
▶ 技巧
▶ 体能
▶ 防守能力

训练 036 自由击球练习

▼ 练习方法

让击球手站在击球区，投手以实际比赛的防守状态投球。击球手将球击回。

❓ 为什么这样做？

观察击球手对自己的投球有何反应

牛棚中的投球练习和自由击球练习的明显区别在于，有击球手站在击球区。即使有击球手在场，也必须完成自己的投球。通过了解击球手对于自己的投球会有什么样的反应，可以发现许多问题和挑战。

❌ 这里要注意！

» 即使有击球手存在，也不要胡乱用力、急于投球。

» 思考投球的时间间隔和位置距离。

» 不要依赖于接手，投手也要看穿击球手的想法。

» 即使球被击中一次，也不要慌乱，连续地投相同的球。

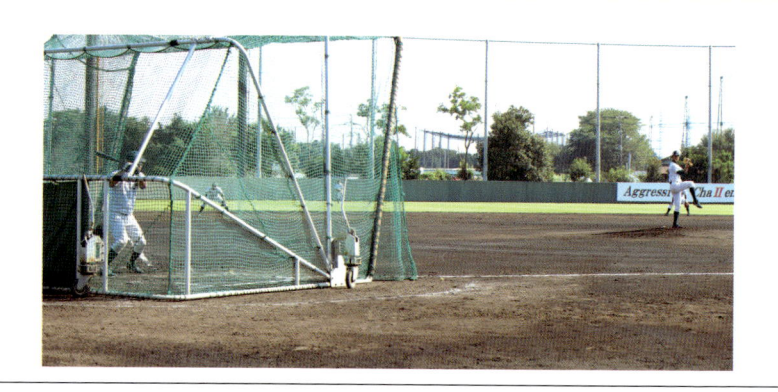

要点建议

教练员应站在投手附近，仔细地观察投手的动作，确认并给予要点指导

在牛棚练习时，会有投手教练站在投手和接手的正后方或击球区提供指导。在自由击球练习时，教练员站在投手附近并提供指导也是一个好主意。

通过与投手保持相同的视角，确认投球的速度、切入点、控制力以及变化球的轨迹，同时教导投手应该关注击球手的哪些方面、应检查什么，并提供击球手视角的目标的建议，从而让投手在比赛中获得必要的各种意识和启示。

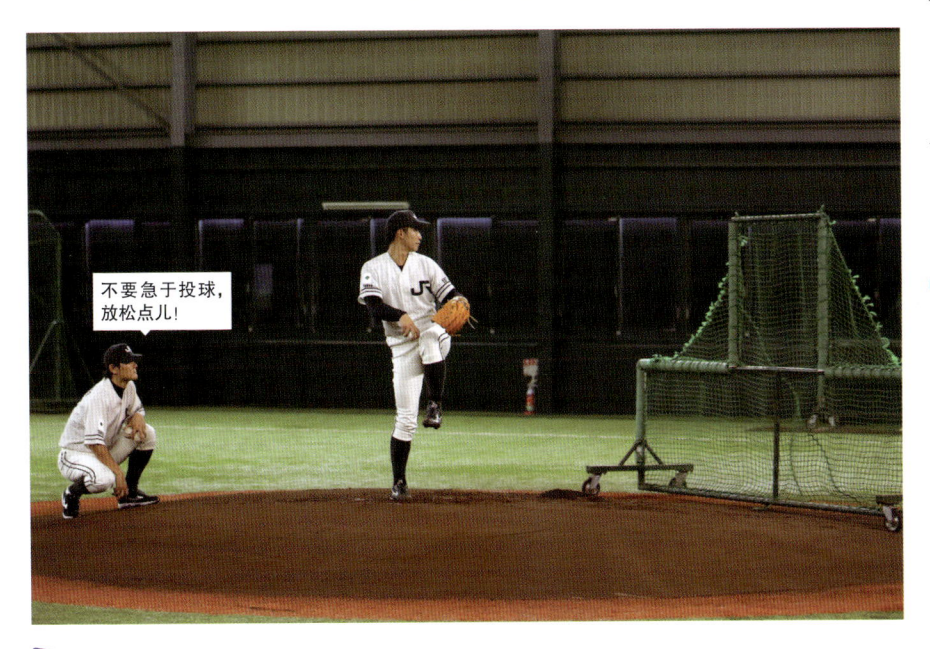

> 不要急于投球，放松点儿！

进阶！

仔细观察击球手的反应

自由击球练习时，投球可以在投手丘上或其前1~2米进行。最重要的是有目的地投掷，避免投球路线变形。尝试投出不同的球路，观察击球手的反应，就可清楚地知道"不能这样投球""这种投球方式会被击中"。练习时没有必要用尽全力投球，这不是为击球手做的练习，而是带着投手的目的去练习。

实际比赛投球	难易度 ★★★★★
目标 假想自己不擅长的情况然后克服它	时间 20~30分钟

| 获得的效果 | ▶ 控制力 ▶ 速度 ▶ 技巧 ▶ 体能 ▶ 防守能力 |

训练 037　模拟比赛训练

▼ **练习方法**

假设各种情景、各种状况来投球，如一垒或三垒上有跑垒员等。

❓ 为什么这样做？

通过反复练习来克服自己不擅长的情况

例如，跑垒员在一垒时如果进行快速投球，投手对球的控制就会受到干扰。或者，三垒上有跑垒员时容易打出外场的飞球等情况。对于投手来说，一定有不擅长应对的情况。首先，通过场景击球找出不擅长的情况，然后进行彻底的反复练习，克服这些困难的场景。

❌ 这里要注意！

» 设定出局数和跑垒员等细节。

» 设定比分差。

进阶！

让接手了解"我"，这一点很重要！

要让紧密合作的接手了解投手（自己）最擅长的投球、在紧要关头或面对强大的击球手时想要投的球型和路线，以及自己不会投的球型等，作为投手的特征，这是很重要的。此外，投手和接手之间的沟通需要有三个阶段，即赛前、赛中和赛后。比赛前，一起分析对方击球手的信息，保持印象一致。比赛中，纠正之前获得的情报和印象。比赛后，尽可能详细地反思球被击中的场景、被得分的情况，就下一步应该做什么样的练习、必须学习什么样的变化球才能取得胜利等具体的计划进行交流。

实际比赛投球

在比赛中尝试练习时做过的事情

目标

训练 038　比赛形式

难易度	★★★★★
时间	—

获得的效果：
▶ 控制力
▶ 速度
▶ 技巧
▶ 防守力

❓ 为什么这样做？

能在比赛中发挥出所练习的东西吗？
通过模拟实战的练习来发现问题

在练习赛和公开赛等各种比赛中，重要的是充分展现自己所掌握的技能和练习成果，同时发现自己的不足之处。为此，应该重视比赛的内容而不是胜负。

但也不要漠然地进入赛场，无论是对球队，还是对个人，都要明确团队和个人的课题，并以此为目标进行战斗。

❌ 这里要注意！

» 不要想着"结果好就是好"，要重视比赛过程，回忆比赛时的想法

» 不只是关注自己的投球有没有被击中，还要关注有没有看穿击球手的目的

» 每一球都要在掌握好所有情况后投出

👉 要点建议

领队和投手教练应该关注每一局的情况

模拟比赛的练习的前提是让场上的投手和接手思考投球思路等问题。如果球员过于专注于比赛输赢，可以在一局进行的途中给予指示，但要在一定程度上让球员自己思考，在一局结束后回到替补席上时，再给球员们提示和建议。

进阶！

限制投球

如果根据自己的目标设定动作上的限制，例如"不使用一种球路""用4个投球出局1名击球员""只用近角球决胜负"等，可以更容易发现问题。

119

专栏 4

投手的"单人相扑"

投手给球队带来最大的不便就是容易自己进行"单人相扑(唱独角戏)"。

投手在控制不稳定的情况下反复投球,被打者瞄准失误而失分。或者,在积累了四坏球或在四坏球时场上还有跑垒员,又被对手打出长打,失掉大量分数。更糟糕的是投出一系列四坏球保送对手。

投手并不是一个人蛮干。面前就有一个任何事都首先考虑投手的接手,好像在扮演投手妻子的角色。身后还有七名队友努力让投手振作起来并保护投手。

如果球被击中,还可以防守,但如果投出坏球保送对手的话,那么外场手也无能为力,对他们来说就变成了"想做也做不到啊"。

在危急关头,更要相信队友,相信他们可以接住打出去的球。投手只要投出好球就可以了。要是球被击中,那么只要说"之后就交给你们了"就可以了。这就是所谓的团队合作。

防守的时间越长,进攻受到的影响就越大。如果投手投球节奏很好,即使失分,外场手也会说:"我们会击中球,来扭转比赛,我们会让你成为获胜投手。"

另外,投手取得了优势,即使因为野手的失误而失分,投手也不应灰心。投手的投球被击中时,应该也获得了野手精彩防守的帮助,这是相互的。失误的球员比任何人都清楚自己有错,会自责、会道歉,还会反省自己的失误。正因如此,这些选手会带着"一定要自己弥补失误"的心情,比平时更加兴奋地站在击球区。作为投手,必须相信队友并安慰他们:"别担心!不要放在心上。"

第7章
辅助训练

"强制的训练"不仅枯燥乏味,而且效果低下。
理解训练的目的,带着任务和目标
并积极主动地进行训练,有助于克服困难。

辅助训练	难易度 ★★★☆☆

目标 体能强化

时间 30～60分钟

获得的效果
▶ 控制力
▶ 速度
▶ 体能

训练 039　跑步

提高爆发力　高等强度训练

▼ 练习方法

10米、20米、30米、50米的全力冲刺跑。
＊次数根据体力、身体状态、训练时间而定。

提高肌肉持久力　中等强度训练

▼ 练习方法

在左右界线标杆之间（大约180米）进行折返跑。
＊次数根据体力、身体状态、训练时间而定。

提高心肺功能　低等强度训练

▼ 练习方法

进行20分钟以上的长距离慢跑。
＊次数根据体力、身体状态、训练时间而定。

要点建议

对于讨厌跑步的选手

我们都知道棒球选手，尤其是投手，需要通过跑步来增强下半身的力量。然而，还是会有人倾向于回避这项艰苦的训练。对于这样的选手来说，重要的是要让他们清楚地了解跑步的效果，而不是简单地命令他们"给我跑！"或抽象地告诉他们"跑步会增强精神力量"。

跑步不仅可以增强腿部和腰部的力量，改善心肺功能，而且可以通过同时活动身体两侧来提高平衡能力，又可以改善血液循环，从而更有效地从疲劳中恢复过来。

短距离冲刺的启动姿势的"变形"

[俯卧位开始]

以俯卧位姿势等待开始信号,听到信号后立刻起身向前冲刺跑。

[背向前进方向坐着开始]

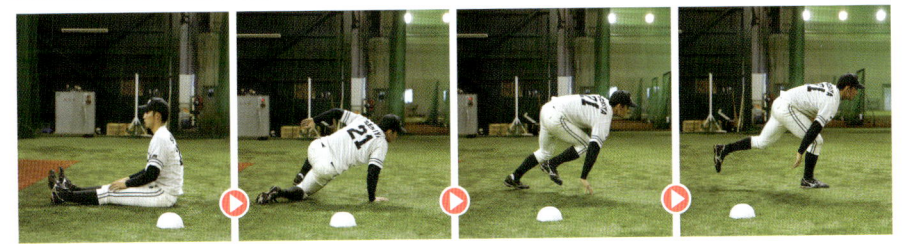

朝与前进方向相反的方向坐下,听到信号后立刻起来转身冲刺跑。

[跳着开始]

听到信号后原地起跳再冲刺跑。

[跳起转身一圈开始]

听到信号后跳起,在空中转一圈后冲刺跑。

提高敏捷度　折返跑

▼ 练习方法

在约 10 米的间隔内，重复如下动作：开始 ⇒ 最大速度冲刺 ⇒ 在另一个端点停下 ⇒ 折回起点。

要点！
立刻提高到最大速度

要点！
转身后回到起点

提高敏捷度　3步左右横跳

▼ 练习方法

在地上画3条线，每条线间隔1米，按照中央⇒右侧⇒中央⇒左侧⇒中央的顺序横向跨步。

要点！
要完全跨过标记物

提高跳跃力　三级跳

▼ 练习方法

同一只脚进行单脚跳和跨步跳的落地动作，最后另一侧脚完成跳跃。

要点！
第三步要跳到标记处

辅助训练	难易度 ★★★☆☆
	时间 30~60 分钟

目标 体能强化

训练 040 强化训练

获得的效果：
▶ 控制力
▶ 速度
▶ 体能

❓ 为什么这样做？

训练核心力量以提高作为投手的运动表现

通过训练身体的核心——躯干（不包括头部和四肢的部位），可以改善姿势，身体的轴心也会稳定。另外，还能让上半身和下半身很好地联动和控制，因此投球的姿势也会变得稳定。下半身的力量可以毫不浪费地被传递到上半身，从而实现强有力的投球。

❌ 这里要注意！

» 牢记训练中时常锻炼核心力量（深层肌肉）。
» 不要有偏向，每天进行全身的锻炼。

手推车练习　不仅锻炼双臂和肩膀，还锻炼核心力量

▼ 练习方法

让队友抬起自己的双脚，手臂支撑住身体，向决定好的方向前进。

注意臀部不要下沉，头部、背部、腰部、臀部、腿部要呈一条直线。

🏀 要点

比起速度更专注于姿势

比起在意前进的距离，更要关注能否保持住姿势，激活核心力量。抬举脚部的队友注意不要用力推人。

四脚爬行练习　锻炼以腹肌为中心的核心力量

▼ 练习方法

以四肢贴地的状态，肘关节和膝关节不接触地面，爬行设定的距离。

姿势不要变形

练习时后背弯曲，或者姿势走样都是错误的。只要身体伸展充分，就不会对身体产生负担。

要点　目视前方2～3米

伸展后背，不要下沉，视线要看向前方2～3米的距离。

反方向四脚爬行练习　锻炼以腹肌为中心的核心力量

▼ 练习方法

仰卧位，臀部不接触地面，四肢撑住身体，爬行设定的距离。

拓展练习
改变前进方向

这里介绍的是以头部为前进方向的练习，还可以顺着脚部的方向，或者向左右方向移动。前进方向的改变意味着承重的改变，可以锻炼到各种位置的肌肉。无论哪个方向，臀部始终离开地面。

要点　抬起臀部

减轻负担的关键在于抬起臀部。臀部不要下沉，尽可能地抬起然后移动。

三指俯卧撑

锻炼躯干和手臂的同时,锻炼了对投手至关重要的拇指、食指和中指的力量

▼ 练习方法

用拇指、食指和中指支撑身体(膝关节可以触地)并做俯卧撑。

要点　指尖支撑身体

用拇指、食指和中指指尖支撑身体。如果手指疼痛的话训练就没有意义了,所以一开始可以跪着练习。具备一定力量后可以试着抬起膝关节。

附加

手指对于投手来说很重要

当惯用手的指甲长出一点点儿时,投手就应该修剪,不仅要经常修剪指甲,指尖也不能长茧子,还要时刻注意不能让指甲劈裂。"三指俯卧撑"等动作可以摩擦指尖,强化皮肤状态。

附加

药球训练

药球是橡胶制成的球，有多种重量，包括 2 千克、3 千克、4 千克和 5 千克等。过去，药球仅被拳击手用来习惯承受拳头对身体的冲击，但随着核心训练的蓬勃发展，药球不仅受到运动员的欢迎，还成为普通大众喜爱的锻炼器材。使用药球进行训练的方法比这里介绍的方法要多得多，而且变化无穷。可试着根据自己的想法创新药球锻炼方法。

药球～坐下来传球

▼ 练习方法

坐在地上，膝关节弯曲，接住队友扔出的药球，然后用仰卧起坐的方式起身，用双手将药球扔回给队友。

进阶！

进一步增加负荷

[双肩着地躺下状态时扔球]

▲从仰卧，双肩完全着地的状态开始，然后抬起身体，双手传球。

[保持双脚不接触地面的状态扔球]

▲保持双脚离地，双手传球。始终保持腹部的张力。

药球～左右扭动身体传球

▼ 练习方法

坐在地上,膝关节弯曲,双脚离地,接球。接住球的同时,向左右两侧回旋身体,然后将球扔回给队友。

要点!
双手持球,身体充分地扭转

药球～脚下传球

▼ 练习方法

坐在地上,抬起双脚,将球依次穿过大腿下方,然后传给队友。

要点!
以良好的节奏运球

药球～
趴下来传球

▼ 练习方法

以俯卧的姿势,将球举过头顶,用全身的力量将球扔回给队友。

要点!
使用腹部肌肉和背部肌肉的力量,全力投掷

药球～
俯卧,挺起上半身,将球左右滚动

▼ 练习方法

俯卧位,背部肌肉用力挺起上半身,在胸部下方滚动药球,使其从一侧滚到另一侧。

要点!
用力挺起上半身

要点!
将球在胸下滚动,而不是眼前滚动

药球～脚尖触球

▼ 练习方法

站在球后面，用左右脚尖交替触球。快速进行双脚的动作以加强步伐训练。

要点！
要有平衡意识

拓展练习

左右移动并触球

这里介绍一下"脚尖触球"的改版。左右移动双脚交替跨过球的正上方，双脚交替触球。练习时，感受原地交换双脚和用脚尖触球步伐的不同之处吧。

药球～投球（向前）

▼ 练习方法

就像扔足球一样，用双手将球举过头顶，向前迈出一步，然后向前扔球。确保身体不向前倾斜，保持直立。如果正确地使用背部肌肉，球就会飞得很远。

> **要点！**
> 尽可能地伸展整个身体，然后投掷

药球～投球（向后）

▼ 练习方法

下蹲并屈髋，躯干前倾积聚力量，蹬地伸展向后扔球。确保充分使用腿部肌肉力量和背部肌肉力量。但是要注意腰部的异样。

> **要点！**
> 使用腿部力量和背部肌肉

133

辅助训练

目标 增强肌肉力量

训练 **041** 力量训练

难易度	★★★★☆
时间	30～60分钟

获得的效果：
▶ 控制力
▶ 速度
▶ 体能

❌ 这里要注意！

» 不要用自己的方式训练。

» 让专业教练制作适合自己的体能、体质和目标的训练方案。

» 使用镜子确认，是否按照指示做出正确的姿势。

» 既要训练大肌群又要训练小肌群。

深蹲

▶通过深蹲增强下半身和核心力量。注意不要在驼背的情况下练习，否则会伤害腰部。练习中尝试使用腰带保护

哑铃

▶使用哑铃的训练方法有很多，这里介绍对投手来说很重要的加强肩部深层肌肉的训练。张开双臂，向上、向下、向内、向外小范围运动

要点！上下运动

要点！内外运动

辅助训练	难易度 ★★★
	时间 10～15分钟

目标：提高身体柔韧性 降低损伤的风险

训练 **042** 拉伸

获得的效果：
▶ 控制力
▶ 速度
▶ 体能

❓ 为什么这样做？

提高身体灵活性，预防损伤

拉伸运动可以唤醒运动前处于休眠状态的身体，并使身体放松。运动后，拉伸可以矫正身体的姿态，例如关节错位等。

如果每天坚持仔细地拉伸身体，可以改善身体的灵活性，增加关节的活动度。有利于完成投球技术动作，增大出球力量。此外，提高灵活性也有助于预防运动损伤。

❌ 这里要注意！

» 棒球是一项全身运动，需要彻底拉伸身体的每一个部位。

» 不要使用反作用力，要既缓慢又充分地拉伸。

» 一开始不要勉强，在可动范围内拉伸。

肩臂伸展①

▼ 练习方法

1 将一侧手臂屈肩屈肘置于胸前。

2 另一侧手臂屈肘部将内侧臂拉向身体一侧，动作像抱紧东西一样。

3 内侧臂前臂从外侧臂肩关节前侧伸出。

＊左右都要进行。

▶拉伸从肩部到手臂外侧的肌肉

135

肩臂伸展②

▼ 练习方法

1. 双臂上举，在头部后方一侧手抓住另一侧的肘部。
2. 向同侧方向拉对侧肘部，不要低头。

* 左右都要进行。

🔶 要点

不要用力拉拽

　　没有必要用力拉伸运动。想象一下停在能感觉到肌肉伸展的程度就可以了。

▲拉伸从肩关节到手臂内侧的肌肉

肩胛骨伸展①

▼ 练习方法

1. 四肢着地。
2. 双臂向前伸直。
3. 向后移动臀部拉伸展肩部、胸部和背部。

🔶 要点

不要移动接触到地面的手臂

　　不要通过向前移动双手来拉伸，而是尝试通过腰部向后移动来拉伸。

▲双手掌尽量向前

肩胛骨伸展②

▼ 练习方法

1. 正坐四肢着地。
2. 将一侧手臂斜上举置于身前。
3. 伸展肩胛骨,同时保持肩部表面接触地面。
* 左右都要进行。

▶指尖到肩部都紧贴地面,注意感受肩关节和手臂内侧的拉伸

肩胛骨伸展③

▼ 练习方法

1. 正坐四肢着地。
2. 将双手贴在身前的地面上。
3. 将一侧手穿过另一侧手的下方,然后反方向拉伸。
* 左右都要进行。

▶将手向反方向伸出时,确保肩关节尽可能内扣

附加

静态拉伸和动态拉伸

拉伸有两种类型:静态拉伸和动态拉伸。正如本书所介绍的,静态拉伸是一种花费时间的肌肉拉伸,主要是坐着进行的。动态拉伸是一种涉及运动(例如冲刺跑等),以活动关节为目的的拉伸。通过这些伸展运动增加关节的运动范围,将有助于防止受伤并在比赛中取得良好的表现,所以不要忽视拉伸!

拉伸区域检查表

- 脚踝 / 胫骨拉伸
- 腿部内侧拉伸
- 外踝和内踝拉伸
- 大腿前后侧拉伸
- 双臂拉伸
- 颈后部拉伸
- 腰部拉伸

髋关节伸展①

▼ 练习方法

1. 双腿向左右两侧分开坐。
2. 上半身向前倾斜。

*10 次。

▶双腿分开 180°最为理想。提高灵活性，争取做到使额头或下颌能接触地面

髋关节伸展②

▼ 练习方法

1. 盘腿而坐，脚掌并拢。确保膝关节外侧接触地面。
2. 上半身向前倾斜。

*10 次。

▶注意感受髋关节伸展，而不是单纯倒下身体

拉伸腰部和大腿内侧

▼ 练习方法

1. 双膝立起来坐。双手放在身后。
2. 将一条脚放在另一侧膝关节上。
3. 从腰部开始将上半身向前推。

* 左右各做 10 次。

▶从腰部开始拉伸大腿后侧

伸展身体一侧

▼ 练习方法

1. 双腿向左右分开坐立。
2. 一手握住脚尖，身体向同一侧倾斜。
* 左右各做 10 次。

▶ 将胸部放在左右膝关节上，还可以拉伸腿的内侧

伸展臀大肌

▼ 练习方法

1. 仰卧躺下。
2. 弯曲一侧的膝关节并交叉叠到另一条腿上。
3. 将躯干扭向交叉腿的反方向。
* 左右各做 10 次。

▶ 拉伸以臀大肌（臀部）为中心的腰部、背部和大腿

伸展背部

▼ 练习方法

1. 仰卧躺下。
2. 抬起双腿，将双脚的脚尖举过头顶。用双手支撑腰部。
* 做 10 次。

▶ 不仅可以伸展背部，还可以伸展腰部

专栏 5

精神训练可以掌握一切
从和指导者的交流开始

投手需要的是"信心"。什么是自信呢？从运动心理学的角度来说，它的意思是"我觉得我能做好即将要做的事情"，但自信不是从过去的成绩中得到的。

近年来，对运动员心理健康的研究取得了进展，训练方法也已建立，应该被广泛采用。然而，仅凭这一点还不足以成为支撑投手前进的动力。教练需要更多地考虑如何帮助投手获得信心。

教练员既要表扬投手，又要及时批评他们，还要对其进行严格训练，让他们自己思考，发挥聪明才智。当然，改善训练环境、增加练习量、提高训练质量也是必不可少的。但这些都是加法计算，而心理训练是乘法计算，是建立信心的关键。然而，成为一名投手是很困难的。无论投手的精神多么坚强，被击中一球，内心就会崩塌一点。这就是投手的敏感之处。

这就是为什么必须从击球中学习并反馈到下次比赛中。虽然不能一直赢下去，但将一次失败的经验活用到下一场比赛的过程也会给投手带来信心。

人有各种各样的类型。如果教会一件事，有些人会举一反三，而另一些人则可能需要更细致入微的指导，还有一些人可能会对"啰唆"的指导产生抵触。通过了解人的性格、心理和背景等所有因素进行沟通。这就是最好的心理训练。

专栏 6

三种想象训练

想象训练分为三种类型。

第一种是每个人都会进行的战术意象训练。在观看对手比赛视频的同时考虑自己如何投球。或者在观看职业棒球比赛时,想象自己在场上的话会如何进攻,研究如何组合分配投球。

在比赛之前,接手和投手二人,有时甚至只有投手一人,根据所获得的情报进行具体的模拟练习,总结出对策,这一点很重要。

第二种是想象自己将在什么样的情况下比赛。当天天气如何?地面状况如何? 甚至还考虑到,现场有多少观众?

在东京巨蛋体育场举行的城市对抗赛中,有很多投手无法发挥自己的能力。突然站在一大群人面前,即使告诉他像往常一样投球就可以了,也是不可能做到的。为了避免被比赛现场的气氛影响,最好通过观看过去的视频来做好比赛准备。

第三种是可以运用到实际练习中的想象训练。具体来说,这意味着想象自己理想的投球姿势。想象的动作越详细越好。不仅可以想象从正面看到的样子,还可以想象从后面、侧面或头顶看到的样子。始终想象有两台电视,一台显示的是实际投球的样子,另一台显示的是自己理想的投球姿势。两台屏幕对比着看,当产生差异时,立刻进行修正。

如果投手在教练或接手指正之前没有注意到自己的问题,那么一旦投球开始出现问题,很快就会崩溃。另外,现在只要随手录像就能重复观看比赛,所以利用好录像机也是一种好方法。但首先必须想象一个理想的姿势,并对自己真实的投球动作有一个立体的了解,通过这样的方式一点点接近自己的理想姿势。

专栏 7

受伤的时候正是机会

JR东日本棒球队有一条规定:"受伤的投手必须在凌晨5点集合。"

一大早,恶魔投手教练山本浩司已经在球场上等待了。投手虽然不能练习投球,但可以跑步,总之就让他们一直跑下去。

与此同时,一名脚部受伤的投手在球场的角落独自进行强化训练。完成后,就可以用根据每个人的情况制作的训练方案,在训练室进行重量训练了。

"不要后悔受伤,相反,我觉得是好事,只要现在的状态比之前更好就可以了。"

这是我和山本教练的独特理论。

通常情况下,投手要在投接球练习时投50个球,防守练习中投50个球,投球练习中投200个球,专题练习中投200个球。一天的练习总计要有500个投球。为了身体可以使用相同训练量,因受伤而无法投球的投手应该使用腹部肌肉进行正常训练,训练量为受伤前的2倍,也就是做1000次腹肌训练。

在康复之前可以练习的内容是有限的。但也有一些只能在受伤的时候才能做的事,比如加强核心力量的训练、学习棒球知识和信息、整理思绪等。

此外,选手在受伤期间的训练越是艰苦,不想再受伤的心情就会越强烈。之后,不仅在比赛和练习中,在日常生活中也会开始注意。

而且,即使受伤了也有在努力治疗和康复的人,会为了尽快回归而像其他人一样进行练习。

第8章
热身和冷却

热身是为即将开始的比赛所做的重要准备,冷却是为下一场比赛所做的重要准备。如果忽视这些,就不可能成为顶尖的选手。

热身和冷却	难易度 ★★★☆☆
目标 准备好在比赛中全力以赴	时间 20～30分钟

获得的效果：▶体能

训练 043 热身

❓ 为什么这样做？

为了在比赛中使出100%的力量

为了提升体力和发挥出全部的技能。提升肌肉温度和放松肌肉，可以为即将开始的比赛做好准备。不仅要做好身体上的热身，还要再次检查对方球队的信息，做好心理上的准备。

▼练习方法

1 准备活动
认真拉伸。练习和比赛中的许多伤害都可以通过适当的拉伸来避免。

2 走路
不要突然开始跑步，要一边走路一边转动手腕、颈部、肩膀，活动上半身，提起精神。

3 慢跑
以比走路更快的速度和更大的步伐慢跑。

4 跑步
提高速度，比慢跑更快。

5 走路
逐渐降低跑步的速度，最后用走路调整呼吸。

6 投接球
首先轻轻地投接球，让肩膀慢慢适应，最后通过投出有力的球进入棒球选手状态。

要点建议

比赛前"适度运动"出出汗

有句老话叫"热身不充分，运动易受伤"。热身意味着大量出汗，让身体暖和起来正是热身的意义所在。然而，无法通过温度计测量体温来检验热身效果，因此判断热身最好的指标是"出汗量"。当身体内温度升高时，为了保持体温恒定，身体就会排出汗液来降温，因此出汗是身体变暖的证明。寒冷的天气里，身上都凉透的时候，一般的活动并不会出很多汗，这意味着需要更加仔细热身。

比赛前，流一身汗，做好投球的准备。练习投球后如果很介意又出更多的汗，不要忘记换掉衬衣。

进阶！

制作一本"棒球笔记本"吧！

在主裁判宣告"开球"之前，比赛就开始了。比赛的结果取决于对比赛准备的程度。当然，这不仅包括练习的内容，还包括对睡眠、饮食等身体状况管理。

怎样才能以最好的状态迎接比赛呢？方法因人而异。这就是为什么应该制作一个"棒球笔记本"。笔记本上要写日常练习清单，训练中发现的问题，以及对比赛的反思，也要记录一些诸如"如何准备比赛"或"身体状况如何"的细节。如果能牢记这些细节，就能够找出适合自己的准备方法。

热身和冷却	难易度 ★★★☆☆
目标 消除练习和比赛带来的疲劳	时间 15～20 分钟

获得的效果：▶ 体能

训练 044　冷却

❓ 为什么这样做？

训练的疲劳要在当天恢复

比赛或训练结束后，一定想喝点儿冷饮，吃点儿食物，然后坐下或躺下好好地休息。这种心情可以理解，但是为了能够快速消除疲劳，必须进行冷却。

▼ 练习方法

1 投接球动作

无需用尽全身力气来投接球。慢慢旋转肩膀，放松肩部、肘部和手腕周围的区域。投10个球就够了。

2 长跑

以比步行略快的速度跑到大量出汗，但跑步距离要超过1千米。慢跑时可以转动脖子、手腕和肩膀，脑海中可以反思比赛的投球或思考一些问题。出一身汗，身体代谢得差不多就结束冷却。

3 拉伸

拉伸可以放松肌肉并改善血液循环。特别是对于投手来说，投球的次数越多，肩膀就会向前倾斜越多，因此将其恢复到正确的位置是非常重要的。如果可借助拉伸杆等器材就更好了。

4 冰敷

投球后，肩膀和肘部会发热，所以用冰块降温，可以加快疲劳恢复，防止肌肉疼痛和受伤。

5 按摩

如果有运动训练员的话，请接受他们的按摩。如果身体有任何部位感觉不舒服，请多花些时间进行按摩。如果球队没有专属的运动训练员的话，请学习自我按摩。

要点建议

冰果然是最好的！

除冰块外，还可以使用含保冷剂的冷敷袋、冷膏药、冷喷雾、流水等进行冰敷。但如果不仅要冷却患处的表面，还要冷却深层的话，那么冰块是最好的选择。

使用冰块时，有以下几种方法：①直接使用冰袋；②将冰块放入塑料袋中，然后排出空气制成冰袋；③将冰块和水放入桶中；④将冰块直接敷在患处进行冰按摩，等等。

专栏 8

关于冰敷

曾经有一段时间,流行着这样一个说法——"不允许投手的肩膀受凉",即使在夏天,投手也总是穿着长袖衬衫,避免空调或风扇的冷空气直接吹到他们的惯用手臂上。

然而,现在在比赛或训练结束后给投手冰敷已是司空见惯的事情。"冰敷万能的时代"已经到来。

冰敷可以减轻锻炼后的疲劳和肌肉酸痛并加速恢复。这种想法并没有错,但重要的是进行冰敷的时机。如果每次练习投球都对投手进行冰敷,那么投手就无法进行充分的训练。

如果投手结束了一场比赛中的投球,只要没有安排他连续比赛的计划,那么他离开球场后进行投接球、跑步、拉伸等冷却之后,最好立即冰敷。在练习时,基本规则是"最后再做冰敷"。而在牛棚投球后,有时必须进行自由击球或模拟击球的练习。如果不考虑这一点就进行冰敷,那么将无法继续投球。

此外,一些投手不用冰敷反而能恢复得更快,可能是因为冰敷时部分血管会遇冷收缩,不进行冰敷的话血液流动正常,恢复效果也会好一点。

用冰降温时,建议冰在皮肤上的停留时间为 20 分钟左右,但这因人而异。重要的是找出何时、何地及冰敷时长等,选择最适合自己的冰敷方式。

第 9 章
日常练习

如果一名投手想取得巨大的成就，在球场之外就要花尽可能多的时间来练习。无论是在自己的房间里，还是在上学、上班的路上，只要多花心思，就能做很多的练习。

日常练习	难易度 ★☆☆☆☆
	时间　任何时间

目标　手指刻入握球的感觉

训练 045　弹球

获得的效果	▶ 控制力
	▶ 速度
	▶ 技巧

▼ 练习方法

1. 像投直线球一样握住球。
2. 球朝向上方。
3. 滑动食指和中指，将球向正上方弹起。
4. 可以熟练地弹起球后，逐渐提升弹球的高度。

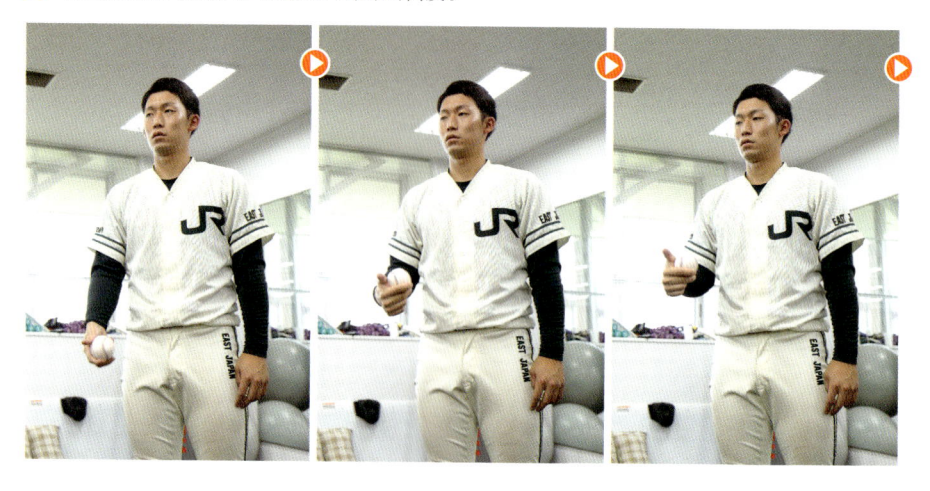

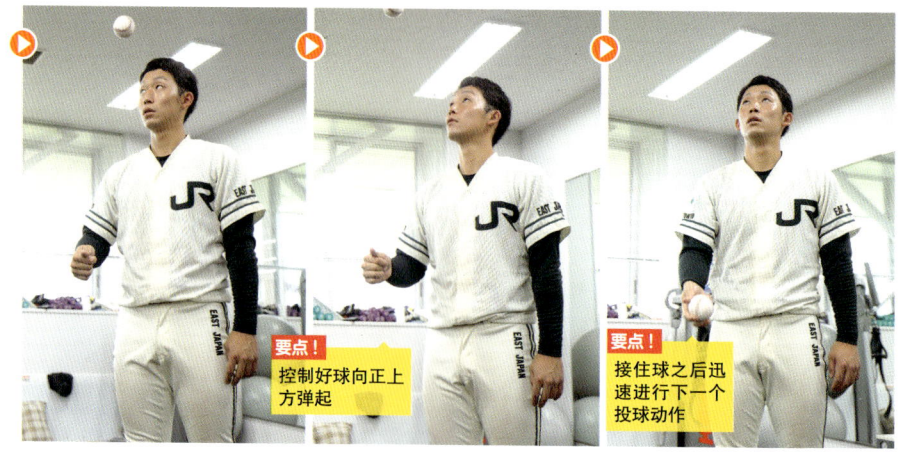

要点！ 控制好球向正上方弹起

要点！ 接住球之后迅速进行下一个投球动作

为什么这样做?

尽最大可能去增加摸球的时间

力荐给刚从软式棒球转到硬式棒球的投手。

首先,培养球感需要每时每刻都握着球,无论是看电视、坐车、跑步、散步,还是在替补席或者观众席上看比赛,球都不可以离手。

其次,即使没有投球的条件,随时随地将球弹高几十厘米,通过手指弹球的动作让身体记住这种感觉。

要点建议

尽可能使用新球!

本练习的用球不能是像棒球发球机中使用的那样带有磨损和划痕的旧球。新球可以更好地感受到真正球皮的光滑度和摩擦度。

进阶!

弹到更高的地方

可以朝向正上方弹起球的话,尝试向高处不断地练习。如果能正确地感觉到手指和球,那么应该能够将球弹得又直又高。

日常练习	难易度 ★★★☆☆
	时间 10～20分钟

目标：学习转移身体的重心

训练 046　台阶上的影子投球

获得的效果：▶技巧

▼ 练习方法

1. 把台阶高的地方看作投手板，右脚踩在上面。
2. 左脚以通常投球姿势的跨步大小向前迈一步。
3. 左脚踩在低地面时，重心向左脚转移。姿势的变化就是从投球手臂后摆开始到球出手的姿势。

要点建议

只要地面有高低差，任何地方都可以练习

这项练习不用专门准备一个台阶，只要地面有高低落差，任何地方都可以练习。注意自己的轴心脚，反复转移身体重心，学习轴心脚的使用方法吧。

为什么这样做?

学习右膝关节的使用方法和重心的转移

这项练习对于左脚向前迈步的同时右膝关节顺势向前的投手是必要的训练。左脚在落到地面之前,重心要放在右脚上,并尽可能让头部停留在右膝关节的上方。如果向前俯冲时投球姿势会变形,就用这项影子投球来纠正动作。

❌ 这里要注意!

» 要选择一个稍高的台阶,把它看作投手板。

» 如果高低落差太大,要注意左脚落地时不要滑倒。

要点!
尽可能让头部停留在右膝关节上方

日常练习

目标 习惯出球瞬间的感觉

训练 **047** 报纸的影子投球

难易度 ★★★☆☆
时间 20～30分钟

获得的效果
▶ 技巧

❓ 为什么这样做？

掌握球在出手的时候敲球的感觉

这是针对控制意识太强的投手的一种练习，是避免"减少失误而谨慎地投球"的练习。球在出手的时候，必须用力地"敲打"球，这项练习就是为了习惯用力的感觉。

👆 要点建议

不可以使用毛巾或者手帕

同样地练习思路，使用毛巾或者手帕来练习，毛巾或者手帕都过长，也很柔软，因此效果不佳。并且，投手还可能将毛巾的弯曲误以为是手腕的弯曲。这里介绍的是把报纸卷起来用胶带固定的练习棒，即使用坏了也可以立刻修好。这种长度的练习棒可以有效地帮助投手掌握手的使用方法。

▼ 练习方法

1. 将一页报纸折成宽约 10 厘米（容易握住的大小）、长约 30 厘米（三拳头的长度）的长条纸的样子，并用胶带固定。
2. 用惯用手握住步骤 1 做的练习棒，进行影子（模拟）投球。

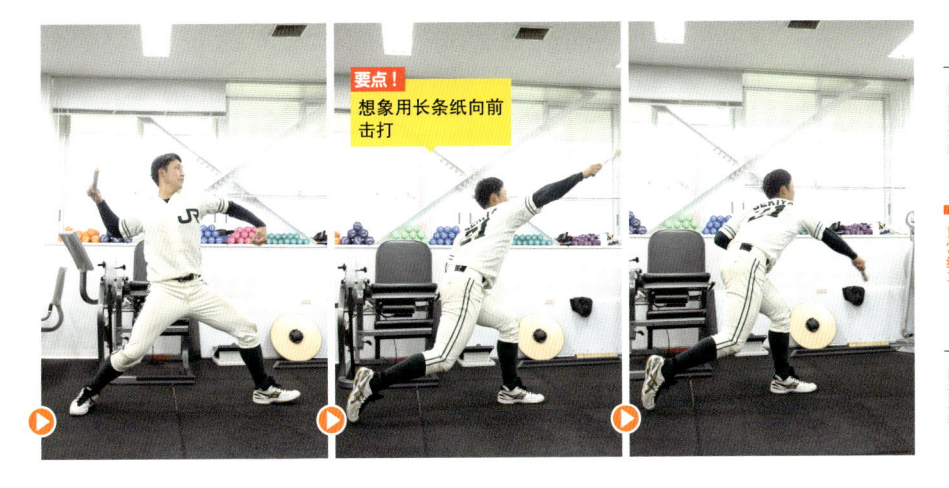

要点！
想象用长条纸向前击打

155

| 日常练习 |

| 目标 | 确认球在手上拨球的感觉 |

难易度 ★☆☆☆☆
时间 室内随时随地

获得的效果
▶ 三围力
▶ 力量
▶ 技巧
▶ 体能
▶ 运守能力

训练 048 在房间里投球

❓ 为什么这样做？

确认并记住球握在手上的感觉

这项练习是为了确认出球的时候，手指紧紧地握住球的感觉，并让身体记住这个感觉。像是复习第一章中介绍的"训练 001 手指的 3 个阶段练习"的动作一样，不使用下半身，只用上半身来练习投球。

❌ 这里要注意！

» 确认好每一球在手指上的感觉后投球。

» 投球时要注意手指的 3 个阶段练习的目标。

👆 要点建议

即使在房间里也要用硬球练习！

虽然说是在房间内，但是练习的目的是确认球握在手上的感觉，因此使用网球那种软球的话，手指的感觉会有变化，就没有练习的意义了。练习时也要注意不要损坏家中的墙壁或者家具，一定要用和比赛相同的球来练习。

▼ 练习方法

1. 在墙壁或者家具的前面放一个厚一点的坐垫、床垫或者叠好的被子。
2. 在距离垫子 2～3 米的地方，盘腿坐下。
3. 只使用上半身向垫子投出球。

专栏 9

投手的分工制度

过去，先发投手投完整场比赛是很正常的情况。然而，现在的主流是先发投手投 5~7 局，中继投手连接各局，最后终结者结束最后一局的"分工制度"。

在过去的几十年里，击球技术有了飞跃性的提高，同时为了让投手在整个赛季中上场更长时间并且不受伤，必须进行分工。

然而，作为投手的基本原则仍然是一样的：投出强而有力的快速球或者角度尖锐的变化球，来三振击球手。

问题在于准备和心态。

先发投手必须注意第一局的表现，之后需要根据情况调整投球节奏。面对每一位打者都全力投球，不仅很难投完 9 局，甚至连取得胜利投手资格所需的 5 局都难以坚持。区分三振出局或故意制造击球出局等情况，掌握好节奏非常重要。为此，必须非常熟悉对方的击球手。

另外，对于中继投手和终结者来说，重要的是把握比赛的趋势。即使没有上场投球，或正在为出场热身，练习投球，也要始终注意比赛的情况。同时，必须知道当天哪些击球手状态好，哪些击球手状态不好。

最重要的是，后援投手站在投手板时，一般都是背负着有跑垒员在垒的危机场面，一次击球或者一次坏球都是危险的，因此必须投出可以让对手三振出局的球。

上场投球时要调节身体，使之处于巅峰状态，特别是对于后援投手来说，调节肩部状态所需投球的次数因人而异，所以首先就是要尝试各种各样的调整方法。最后，只要找到最适合自己的调整方法就可以了。

第 10 章
用其他运动进行训练

如果只进行棒球的训练，对肌肉力量和速度等方面的强化程度是有限的，用其他运动锻炼来弥补吧。本章还会介绍与精神训练和提高耐力等训练相关的运动项目，防止训练公式化，可以一边转换心情一边充实地训练。

推荐运动 ①**铅球**

❓ 为什么这样做？

和投球是通用的
学习右膝关节的使用方法和重心的转移

铅球被认为是投掷项目中所有基本动作的集大成者。关键在于短时间、短距离内，如何更快、更有效率地转移重心。投铅球时上半身和下半身要进行协调，通过转移重心发挥出巨大的力量。这一点上和投球是通用的。在职业棒球选手中，也有很多在初中和高中作为铅球选手活跃在田径大会上的选手。

❌ 这里要注意！

» 瞬间爆发出所积攒的力量，记住这股力量通过右膝关节传到铅球上的用法。
» 时刻意识着头部的位置，灵活使用全身的力量。

👉 要点建议

不要用肩关节和肘部来投球！

很多人担心因为投掷很重的铅球而使肩关节和肘部受伤，但投掷铅球并不使用肩关节和肘部。投掷铅球是通过利用转移重心来掷出铅球的，棒球也可以像铅球一样，学习如何转移重心。另外，如果用肘部或肩部来投掷，就会容易受伤。所以，采用铅球练习时，一定要保证正确的投球姿势。初中生真正投掷铅球的机会很少，但在电视上观看铅球也会有很大的帮助。

充分地使用右膝关节来转移重心

不要用肩关节或者手肘投球

161

推荐运动 ②高尔夫

❓ 为什么这样做？

持续执行相同动作的能力对于投球也是必要的

一个人每次击球的姿势不同，或者时机、距离不对，那么他的高尔夫水平永远不会提高，同样的道理也适用于棒球投手。通过一遍又一遍地重复相同的挥杆动作，不仅可以锻炼身体，还可以锻炼精神力量。此外在自我驱动这一点上，高尔夫和棒球投球也非常相似。这大概就是棒球界有很多投手比外场手更擅长打高尔夫球的原因。

❌ 这里要注意！

» 每回必须检查动作。

» 始终瞄准同一个地方打球。

» 不在球的飞行距离上竞争。

» 无论多小的失误，都要进行纠正。

👆 要点建议

不需要捡球的练习场地是最好的

如果是沿着球场路线打高尔夫的话，所需的击球距离会根据情况而发生变化，因此不可能只用一根球杆持续击球。在这一点上，如果是室内练习场的话，就可以从相同的位置，使用相同的球杆连续击球数小时。此种练习非常适合固化挥杆击打姿势。目的不在于提高高尔夫球技术，而是提高投球技术，所以练习时要注意使用相同的姿势和挥杆动作。

同样的姿势
同样的挥杆动作

持续瞄准相同的
地方再击球

推荐运动　③**游泳**

❓ 为什么这样做？

锻炼心肺功能，增强肩部周围的肌肉力量，提高灵活性

过去，投手是被禁止游泳的，因为游泳"会让肩膀受凉"。现在已经没有教练有这种想法了。相反，大部分教练都使用游泳作为训练项目。游泳是一项全身运动，没有其他运动能像游泳一样能够最大程度提高心肺功能。而且，只要去泳池，就可以轻松游泳。只要游的距离不断增加，就会逐渐提高心肺功能。并且，游泳时需要大幅度地旋转双肩，在提高肩部周围灵活性的同时，还可以强化肌肉力量，特别适合投手来练习。

❌ 这里要注意！

» 全身动作都要充满力量。

» 尝试各种游泳姿势，如自由泳、蛙泳、仰泳、蝶泳。

👆 要点建议

通过一些限制来游泳，如不使用下半身

通过游泳来提高心肺功能，最重要的是长时间、长距离游泳。同时，通过不同的游泳姿势可以锻炼不同的肌肉。除此之外，还可以设置一些限制来游泳，需要与游泳教练共同制订练习计划，如双腿夹紧浮板来限制下半身的活动进行游泳。通过增加一些小小的改变来更好地练习游泳吧。

提高心肺功能

旋转肩部来提高肌肉力量

不使用下半身，对肩部周围进行强化

推荐运动 ④**羽毛球**

❓ 为什么**这样做**？

和投球是通用的
学习右膝关节的使用方法和重心的转移

投球时的重心移动，从后摆手臂动作到球的出手，尤其是肘部的运用方式，与羽毛球有许多相似之处。即使不打羽毛球进行练习，单独进行挥拍动作的训练也是有效果的。此外，羽毛球训练或比赛中的前后左右移动既可以帮助改善脚步的动作，也可以增强体力和耐力，非常适合用于投球技术的训练。

掌握肘部的使用方法

❌ 这里要注意！

» 要有意识地向轴心脚转移重心。

» 击球时保持肘部位置，不要下沉。

» 只在击球的一瞬间发力。

» 灵活地转动持球拍的手腕。

拓展练习

网球和排球的发球和扣球也可以练习！

棒球投球时，肩部处在自然的位置被称为初始姿势。这是最自然的姿势，也是最容易发力的姿势。从上方开始挥动手臂时，身体最好处于准备姿势。不仅是投球，排球的扣球和网球的发球也需要这样的初始姿势。对于手臂需要大幅活动的投手来说，排球的扣球和发球、网球的发球的动作和投球是相同的，所以网球和排球也可以加入训练。

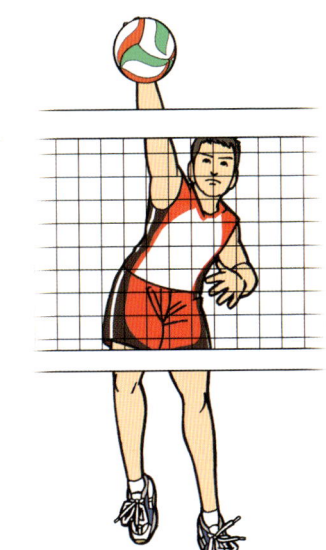

学习动作的初始姿势

推荐运动 ⑤ **相扑**

❓ 为什么这样做?

通过四股来锻炼下半身,通过一字马提高灵活性

四股是相扑里最基本的训练动作。可以毫不夸张地说,相扑选手通过四股练习才拥有强劲的下半身力量。一字马动作在增加腿部和腰部的柔软性,矫正膝关节和髋关节,防止下半身受伤中起到重要作用。做四股时要站在土地上,最好是赤脚,脚像树根扎入土地一样练习。

四股

▼ 练习方法

1. 双腿张开,脚尖向外,半蹲。上半身始终保持挺胸的姿势。
2. 身体重心移至一侧腿上。
3. 另一条腿向侧方伸直,保持膝关节处于伸直状态,然后尽可能抬高。
4. 抬高的腿的脚尖要像嵌入土地里一样踩下去。

> 锻炼强壮的下半身

❌ 这里要注意！

» 四股姿势要慢慢地确认好每一个动作姿势。

» 不要勉强做一字马姿势，逐渐地提高身体的灵活性。

一字马

▼ 练习方法

1. 双腿向左右两侧大幅度张开。
2. 保持姿势，将腰部靠近地面。身体僵硬的人，双腿容易外展不足，张开双腿后要保持在一条直线上。

双腿成一条直线是理想的姿势。提高腿部和脚部的灵活性

169

CONCLUSION(总结)

后 记

信心将是最好的武器
笨拙也是一种个性
发展个性并成为更好的投手

据说棒球运动中 80% 的输赢是由投手决定的。投手在比赛中扮演着重要的角色，但从教练的角度来看，投手的意义更大，是建队的起点。教练选择谁来当投手，训练他们在比赛中投球，并训练他们赢得胜利。这是打棒球的先决条件。

立志成为投手的人，应当怀有"自己掌握着胜负的关键"这一意识和责任感，认真训练。并且无论遇到什么困难，都要保持"绝不放弃的心态"。

投手能投出超过 150km/h 的速度球，或可以出色地控制住球，使其旋转也恰到好处是最理想的，即使是乱球(难以预测的投球)也会成为投手的武器。即使是虚张声势或单凭气势也能击败对手。虽然高个子投手能从上方投出有角度的球，但矮个子投手同样可以

投出难以击打的球。换句话说,即使是不灵活的投手也能有自己的优势。

在运动生涯的早期阶段,有天赋的选手往往受到重视。然而,如果一个选手能够灵活应对一切,他们很快就会被遗忘。相反,不灵活的选手虽然需要一些时间才能掌握各种技能,但其一旦掌握,就能充分利用这些技能。即使不灵活,也能掌握投手的武器。

如果一个班有50名学生,他们的学习成绩会排成1~50的名次。但投手则不同。这个投手不错,那个投手也不错,每个人都很优秀。他们各自的特长可以在比赛中发挥不同的作用,这就是投手的魅力。

本书详细介绍了使投手能够在不伤害身体的情况下投出威力十足的球的"正确"姿势。然而,越是追求正确的姿势,球就越容易被打中。如果用正统的投球姿势,就可能成为一名平凡的投手。虽然这看似矛盾,但人生本身就是由一连串的矛盾组成的。

重要的是在练习中发现自己的特长,并进一步发挥所长,改正缺点,增强自己的信心。如果想要成为一名投手,那就要日积月累,努力训练,每时每刻都不能懈怠。

自信不仅在棒球上,在所有运动中都是运动员最大的武器。拥有自信,即使技术不够出色、精疲力竭,选手也会显得更加优秀。无论面临什么样的危机,都要保持自信,戴好"扑克脸",隐藏好充满内心的斗志,直面击球手。如果能成为这样的投手,击球手在比赛开始前就会感到"我打不到这个家伙的球吧"。

需要注意的是,不能自我陶醉。自信应该建立在队友、教练和投球教练对投手特点的理解和认可之上,只有在得到他人评价之后,才能真正建立起自信。

请成为一个受到全队信任、始终感恩全队、关心他人并细心体贴的投手。

最后,致青少年棒球、初中、高中和大学的教练们:

那些拥有投球天赋的孩子,是"棒球界的瑰宝"。培养人才需要时间和耐心。想成为投手的孩子往往像"孩子王",有时可能会犯错误,有时可能会表现出傲慢无礼的态度,或者对长辈或帮助过他们的人说出无礼的话。在这种情况下,教练不必客气,应该严厉指导他们,绝不能放纵。但是,也请不要抹杀他们的个性。

希望那些孩子能够成长,教练们要以温暖的眼光守护他们,让他们顺利迈向下一个阶段,继续活跃于球场上,这样棒球界将会更加蓬勃发展。

JR 东日本棒球队主教练
堀井哲也

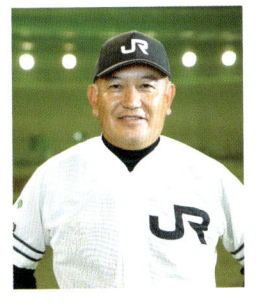

作者 堀井哲也（Horii・Tetsuya）

JR东日本棒球队主教练。1962年1月31日出生于静冈县。从静冈县立菲山高中和庆应义塾大学毕业后，在1984—1987年，活跃于三菱汽车川崎队，担任右手投手、左手击球的外场手。退役后，在同一家公司担任经理和教练，并于1993—2004年在三菱汽车冈崎队先后担任教练和领队。推动了球队成为城市对抗赛和日本锦标赛的常任入围队，并培养了山口和男（前欧力士队）、福川将和（前东京养乐多队）等球员。2005年，任职JR东日本队领队。带领的球队在城市对抗赛中的成绩稳步提高，2006年获得了4强，2007年获得了亚军。并于2011年带领球队夺得首个冠军。同时，还培养出了寺内崇幸（巨人队）、十龟剑（埼玉西武队）、田中广辅（广岛队）等多名职业棒球运动员。

协助 山本浩司（Yamamoto・kouji）

JR东日本棒球队投手教练，隶属于总务部劳动科。1979年4月3日出生于爱知县。从爱知县立大府高中进入亚细亚大学。大学第三年参加全日本锦标赛，第四年春季和秋季共取得7场胜利。2002年入职JR东日本公司。从第一年起就一直协助投手组，从第五年起就一直作为王牌球员活跃在赛场上。2002年代表日本参加了釜山亚运会。

作者 关谷亮太（Sekiya・Ryouta）

隶属于JR东日本棒球队，事业部企划科。1991年5月10日出生于神奈川县。身高180厘米，体重82千克。右手投手，右手击球手。日本大学第三高中三年级时参加甲子园。在明治大学取得10胜6负的战绩，获得日美大学棒球MVP。从入职公司的第一年起，他就一直是王牌球员，他的绝招是时速148公里的无挥臂快速直球和变化球。

协助球队 JR 东日本棒球队

　　于 1920 年铁道部时代成立，当时名为"东京铁道局棒球队"。1950 年，由于日本的国铁（日本国有铁道）地方组织改革，更名为"东京铁道管理局棒球队"。之后于 1987 年改为私有，队名改为"JR 东日本棒球队"，东北地区的部分被分割出去，命名为"JR 东日本东北棒球队"。自 2005 年堀井哲也接任领队以来，球队已 4 次参加城市对抗赛决赛。2011 年，在第 82 届城市对抗赛中击败了同样位于东京的 NTT 东日本队，取得了期待已久的首次冠军。入围过 14 次城市对抗赛，7 次日本锦标赛。总部在东京都。练习场、训练营在千叶县柏市。

JR 东日本棒球队 沿革

1987年（昭和62年）	JR东日本棒球队成立
1990年（平成2年）	都市对抗赛/8强・小野奖　啦啦队/最佳奖・下半场TOP奖
1991年（平成3年）	新习志野棒球场・训练营竣工
1996年（平成8年）	JABA锦标赛/高砂锦标赛冠军、东京体育日本新闻社锦标赛亚军
1998年（平成10年）	JABA锦标赛/九州锦标赛冠军
1999年（平成11年）	都市对抗赛/第一轮　啦啦队/下半场TOP奖
2000年（平成12年）	职业棒球指名选手/赤星宪广（阪神）
2001年（平成13年）	都市对抗赛/第一轮　日本锦标赛/第一轮（首次出场）　JABA锦标赛/东京体育日本新闻社锦标赛冠军 职业棒球指名选手/萩原多贺彦（养乐多）、五十岚贵章（养乐多）、石川雅实（巨人队）　啦啦队/下半场TOP奖
2002年（平成14年）	JABA锦标赛/九州锦标赛冠军
2003年（平成15年）	都市对抗赛/第二轮　啦啦队/优秀奖・下半场TOP奖
2004年（平成16年）	职业棒球指名选手/工藤隆人（北海道日本火腿）・小山良男（中日）
2005年（平成17年）	都市对抗赛/第二轮　JABA锦标赛/东京体育日本新闻社锦标赛冠军　职业棒球指名选手/松井光介（东京养乐多）　啦啦队/上半场勇敢奖
2006年（平成18年）	都市对抗赛/4强　JABA锦标赛/富山锦标赛冠军 职业棒球指名选手/寺内崇幸（巨人）、铃木诚（巨人） 啦啦队/最佳奖・上半场优秀奖
2007年（平成19年）	都市对抗赛/亚军　日本锦标赛/8强　JABA锦标赛/京都锦标赛冠军 职业棒球指名选手/小林太志（横滨）、中尾敏浩（东京养乐多） 啦啦队/最佳奖・上半场优秀奖
2008年（平成20年）	都市对抗赛/第二轮　日本锦标赛/8强 JABA锦标赛/富山锦标赛冠军、东京体育日本新闻社锦标赛亚军 职业棒球指名选手/小杉阳太（横滨） 啦啦队/特别奖
2009年（平成21年）	柏棒球场・训练营竣工　日本锦标赛/第一轮 JABA锦标赛/静冈锦标赛冠军
2010年（平成22年）	都市对抗赛/第二轮　啦啦队/上半场勇敢奖
2011年（平成23年）	都市对抗赛/冠军 职业棒球指名选手/十龟剑（埼玉西武）、缟田拓弥（欧力士）、川端崇义（欧力士）
2012年（平成24年）	都市对抗赛/亚军　日本锦标赛/亚军　JABA锦标赛/北海道锦标赛冠军 职业棒球指名选手/户田亮（欧力士）　啦啦队/1st TOP奖・最佳奖
2013年（平成25年）	都市对抗赛/亚军　日本锦标赛/第二轮 JABA锦标赛/四国锦标赛冠军・冈山锦标赛冠军 职业棒球指名选手/吉田一将（欧力士）、阿知罗拓马（中日）、田中广辅（广岛）　啦啦队/最佳奖
2014年（平成26年）	都市对抗赛/8强　日本锦标赛/8强 JABA锦标赛最佳/日立市长杯冠军・冈山锦标赛亚军 职业棒球指名选手/饭田哲矢（广岛）、坂寄晴一（欧力士）、西野真弘（欧力士）　啦啦队/1st优秀奖/勇敢奖
2015年（平成27年）	都市对抗赛/第一轮

JR 东日本棒球队

◆ **存在意义**

通过棒球，与 JR 东日本集团员工、他们的家人及当地居民团结起来，分享感动。

◆ **目标**

棒球都市对抗赛冠军。

◆ **队训**

1. 学习铁路精神，成为员工榜样。
2. 贯彻体育精神，追寻棒球之路。
3. 全知全能，专注于赢得比赛。

◆ **口号**

为团队竭尽全力！